NANFANG MEDIA RESEARCH

南方传媒研究

南方报业传媒集团新闻研究所 主编

第七辑

地　　址 广州市广州大道中289号
电　　话 020-87373998-3364
传　　真 020-87363753
邮政编码 510601
电子邮箱 nfcmyj@mail.nanfangdaily.com.cn
nfcmyj@vip.163.com

南方日报出版社
NANFANG DAILY PRESS
中国·广州

图书在版编目（CIP）数据

南方传媒研究·第七辑：报网互动 / 南方报业传媒集团新闻研究所编. —广州：南方日报出版社，2007.4

ISBN 978-7-80652-615-6

Ⅰ.南… Ⅱ.南… Ⅲ.报纸—新闻工作—研究 Ⅳ.G215

中国版本图书馆 CIP 数据核字（2007）第 041103 号

南方传媒研究·第七辑：报网互动

南方报业传媒集团新闻研究所 编

出版发行：南方日报出版社
地　　址：广州市广州大道中 289 号
电　　话：（020）87373998-8502
经　　销：全国新华书店
印　　刷：佛山市浩文彩色印刷有限公司
开　　本：787mm×1092mm　1/16
印　　张：14.5
字　　数：220 千字
版　　次：2007 年 4 月第 1 版
印　　次：2007 年 4 月第 1 次印刷
定　　价：28.00 元

投稿热线：（020）87373998-8503　读者热线：（020）87373998-8502

网址：http://www.nanfangdaily.com.cn/press　http://www.southcn.com/ebook

有狱越狱有城围城

□曹　轲

最近几次看书看碟看到了早上六点，除了大学时看金庸，夜班后惯性发作，很少这么熬通宵。书是网上流行的小说《鬼吹灯》，碟是 4 月 3 日刚播完第二季 22 集的美国电视剧《越狱》。

把我们带入神秘古城的胡八一和在我们眼皮底下成功越狱的迈克尔，都有一个抓人的特点：狂妄大胆的设想，伴随着智力的竞技，知识的力量。他们超强的冒险精神和求生能力，一句话，太有才了。

这正版书盗版碟的出身来路，还有一个让人抓狂的特点：拜网络所赐。天下霸唱厚厚四大册的《鬼吹灯》，先是在网上传开，才有了印数一万册的畅销书，更多的人还是在网上读，下载到 iPod 读。电视剧《越狱》更奇，美国 FOX 每逢周一即北京时间周二上午 8 点播出，不出 5 小时，不下 200 万的中国"越狱迷"就在网上看到带中文字幕的，近乎同步。

颠覆广电总局权威的不是版权管理问题。对于《越狱》隐秘流行现象，北京的《三联生活周刊》和南方报业传媒集团的《城市画报》给予了不同角度的关注和解读。"三联"似乎是在替中国整个电视行业担忧，它说，互联网正在将世界推平，电视还有前途吧？也许，它的前途就是嫁给互联网。

报纸也想嫁给已经妻妾成群的互联网。处在书报刊围城中的出版人，报人，看到《鬼吹灯》多少会意乱情迷。明知互联网已经反客为主了，店大欺客了，已经自立门户了，无法门当户对了，面对客流涌涌的大超市，不去摆摊上架又说不过去。

从这个角度看，报网互动，报网联动，好比一场半推半就的艳遇，一起你情我愿的绑架，一出移位换形的游戏。只能说，主动总比不动好，忙着总比闲着好，有情总比无情好，再嫁总比私奔好，围城总比废城好，越狱总比炼狱好。

牵手就是一段缘吧。首要的是生存下来，只要活着，就会有围城，就会有越狱。

（朋友听了文章题目问：有欲越狱、有诚围城？呵呵，不是。——补记）

NANFANG MEDIA RESEARCH
南方传媒研究

南方报业传媒集团新闻研究所 主编

NO.7

卷首

001 有狱越狱有城围城 …… 曹 轲

特稿

004 深耕 开拓 创新 跨越 …… 杨兴锋

专题「南都新闻报道奖」

016 南都新闻报道奖的理念、价值及启示 …… 范以锦
019 2006年度南都新闻报道奖评审内幕揭秘 …… 庄慎之
043 为什么要设立南都新闻报道奖?
——与庄慎之对话 …… 张 超
047 比荣誉更重要的就是被理解
——2006年度南都新闻报道奖获奖感言选登 …… 刘天昭 等
057 2006年度南都新闻报道奖名单及获奖理由

本期焦点「报网互动」

062 杂交、两栖、混血
——南都副总编辑、奥一网总经理任天阳访谈 …… 曹思诚
076 报网互动走向纵深 …… 詹新慧
082 报网互动，党报战略的转移 …… 朱夏炎
087 从“永恒的长征”谈报网互动 …… 杨大进
093 一次动态新闻生产与管理的试验 …… 南方日报两会报道小组
101 报网互动，实现传播效果增益 …… 徐 辉
109 从奥一网两会报道看报网互动 …… 郑小敏
113 理想中的报网互动 …… 谭人玮
117 深入新闻生产上游 10万条报料反哺母报
——奥一网·南方都市报2006报网互动实录 …… 蓝 云
126 大洋网：在互动中创新发展 …… 王栋 田曼 陶开河
133 报网互动在中国：技术、效率与制度的关联分析 …… 朱春阳
140 国外大报报网互动探析 …… 曾凡斌 张玉敏 曾妍

学者视窗

146 当互联网的狼爱上纸媒体的羊
——点击传媒生态圈的四大乱象 …… 支庭荣

传媒人物

151 执意纯粹 达观常乐
——凤凰卫视“名人面对面”许戈辉与范以锦对话实录

采写编

「一线报告」

160 两会报道及其背后的媒体立场 …… 林楚方

165 无证采访亦精彩 …… 李 艳

「新闻摄影」

170 一次没有假想敌的军演
——南都图片报道《中国制造》编辑手记 …… 梁 音

「编辑一得」

177 踩着新闻的脉搏跳动
——南都周刊“钉子户”深度报道的几点探讨 …… 王海燕

新闻管理

181 张德江：经济强省要成为传媒强省

182 张德江书记对南方日报的四次重要批示

185 朱小丹：欢迎和支持正确的舆论监督

186 胡国华：管理媒体不是什么都不让报

记者博客

188 难道不存在完美的时评？ …… 宋志标

191 检讨 …… 贾云勇

194 技术 …… 李海鹏

197 演绎到极致的暴力美学 …… 马立明

200 当媒体变成苍蝇 当苍蝇变成蚊子 …… 杨学涛

205 农村报的十字街头 …… 闫业伟

209 大年初一去“探监” …… 单小亮

传媒观察

213 报业集团区域化发展模式比较 …… 郭全中

海外媒体

217 《纽约时报》：报纸要实现电子化转变 …… 王希怡

传媒资讯

221 业界新闻回顾

封二 摄影记者的博客：冯宙锋

封三 图片赏析：以细微见真章 翁倩

深耕　开拓　创新　跨越

□杨兴锋

南方报业传媒集团管委会主任、党委书记、社长、总编辑、董事长杨兴锋

南方报业传媒集团2007年经济工作会议，是在全国、全省“两会”闭幕不久、省十次党代会和党的十七大即将召开，全国、全省加快推进科学发展、和谐建设的新形势下，集团多年来第一次召开的以经济工作为主题的重要会议，是部署今年及今后一段时期全集团经济工作与事业发展，实现集团又好又快跨越式科学发展的重要会议，必将对集团今后的工作产生重大影响。会上，钟广明总经理代表集团管委会作了关于经济工作的报告，全面总结了去年及几年来集团经济工作取得的成绩、不足及其经验，具体部署和明确了今年及今后一段时间要完成的主要工作，讲得很好，针对性、指导性很强，我完全同意，会后大家回去要一项一项抓落实，认真完成好集团赋予的任务。相贤古同志作了集团将要实施的九个规定的说明，也讲得很好。与会同志围绕钟总的报告和集团将要实施的九个规定，进行了认真深入的讨论，提出了许多很有价值的意见，值得我们好好消化吸收，从而转化为集团的财富，推进集团的经济工作和事业发展。根据议程的安排，结合大家的意见，我对会议作个总结，谈三个方面的问题。

一、关于集团经济工作面临的形势

正确分析国家和广东经济大势、媒体行业发展趋势和集团发展态势，是集团选择正确的发展战略和对策，进一步推动集团经济工作和各项事业发展的基础和前提。

从有利方面看，一是以举办奥运会为标志，全国全省宏观经济将继续保持良好势头，这为集团的经济工作和事业发展提供了良好的外部环境。2008 年北京承办夏季奥运会、2010 年上海承办世博会和广州承办亚运会，2011 年深圳承办世界大学生运动会等，将形成一个个超级亮点，对全国和全省的经济增长起到显著的推动作用。

我们不但要关注这些重大活动，而且更要关注这些活动举办的背景和形势。从 2003 年起，我们国家迎来新一轮经济发展周期。随着中央连续推出西部开发、新农村建设、中部崛起等一系列发展战略和一系列涉及各领域民生问题的战略性举措，我国经济增长已基本形成投资、消费和出口“三驾马车”并驾齐驱的格局。截至 2006 年，我国连续 4 年 GDP 保持了 10% 以上的高增长速度，经济规模接连超过意大利、法国、英国，居世界第四位且居民物价指数始终维持在 3% 以下的低水平，从而实现了世界各国梦寐以求的“高增长、低通胀”的经济发展目标。

广东经济与全国一样，发展势头迅猛，并且继续居于全国排头兵的位置。2005 年广东省 GDP 突破两万亿元大关后，广东经济继续保持又好又快的发展势头，2006 年全省 GDP 达到两万五千多亿，占全国的 1/8，财政收入占全国的七分之一，外贸规模占全国的三分之一。广东作为一个亚经济体，目前在国际上排在第 20 位，随着它的经济总量超过新加坡、香港之后，将在明年超过台湾地区，在东亚、东南亚经济圈中，广东将扮演越来越重要的经济角色，有望成为重要的区域经济中心。

全国全省这种经济态势，为我们这个深深植根于广东这块改革开放热土、在全国具有广泛影响力的报业传媒集团，提供了非常广阔的发展空间，我们注定是大有可为的; 而今后几年奥运会等具有国际性影响、高潮迭起的重大活动，更是为做好集团经济工作提供了难得良机和着力点。集团要抓住这样的大好机遇，乘势而上。

二是以跨地区与光明日报报业集团合办新京报和西江日报加盟集团为标

志，反映了集团在国家政策的调控下和市场规律的作用下，优质资源开始向优势集团倾斜的强劲发展趋势。南方月刊、南方网加盟南方集团，也从一个侧面反映了这一趋势。同时，中央把广东列为文化体制改革的试点省份，集团被省里列为重点单位之一。这几年来，集团积极推动文化体制改革工作，推动媒体市场化的实践与探索，大力整合优化资源，推动结构调整和优化，努力实现从追求数量向追求效益的转变；国有企业授权经营问题今年有望得到最终解决，这将有效地摆脱集团经营工作的体制性束缚；随着文化体制改革的逐步深入，国家的有关政策也开始调整松动，由原来的严格控制到现在的限制性进入，这些都为集团跨区域、跨领域、跨行业办报办媒体以及收购并购等，提供十分有利的体制与政策环境。总之，国家和省有关政策的支持和集团强劲的产业化发展势头，有利于集团进一步做大做强。

三是以集团经济工作取得历史性突破为标志，集团的事业发展开始进入一个新的发展期。去年，集团在全国平面媒体尤其是报纸经营状况整体疲软的态势下，逆势而上，取得了历史上最好的成绩。据有关数据，去年全国报纸广告平均增幅为 4%，而集团的增幅为 8.79%，在不少集团和平面媒体出现低增长甚至负增长的情形下，这十分难能可贵，说明我们的队伍是一支善打硬仗、充满活力、富于创新的队伍。特别值得指出的是，在经济工作出现喜人局面的同时，集团新闻导向把握和品牌经营也呈现了大好形势。在去年的工作中，全集团主报和各系列报新闻舆论导向总体把握平稳，南方日报被张德江书记誉为“省委的旗帜”；集团去年除了再次入选“中国最具价值品牌”外，又继 2001 年后再次获得“全国最受尊敬企业”称号(其间每年都入选 50 名“全国最受尊敬企业”。获得称号的是其中的 25 个企业，可谓是优中选优)，集团出现社会效益和经济效益齐头并进双丰收的大好局面。这一成绩的取得，是集团上下团结拼搏、勇于开拓、迎难而上、锐意进取的成果，是集团和各部门、各单位多年来品牌培育、人才培育、机制培育、市场培育等方面努力的成果。这种态势，为集团经济工作和各项事业跃上一个新台阶提供了一个良好基础。

但是，我们也要看到，集团的经济工作和事业发展面临一系列不利因素和不平衡发展的制约，挑战严峻。

一是以互联网为代表的新媒体近几年快速增长，对平面媒体形成巨大冲击和深远的影响。根据有关数据，经前几年国家整顿，全国 2005 年共有报纸 2119 种，期刊 9074 种，出版社 570 家，广播电台 282 座，电视台 314 座，至今这些媒体数量没有重大的变化。而网站数量经过2000年前后泡沫期的洗礼后，近几年再次呈爆炸式的增长。截至2006年底，中国网站数约为84.3万个，比2005年增加约18万个；其他新型媒体形态如手机报、楼宇电视、户外媒体等也如雨后春笋般层出不穷，在阅读方式、传播方式、运行模式、赢利模式等方面，对传统媒体包括本集团在内形成巨大冲击和深远影响。

二是媒体商业环境发生重大变化，对平面媒体形成巨大冲击和深远影响。2005年是平面媒体商业环境发生巨变的一年。从这一年开始，平面媒体的广告增幅开始大幅回落，到2006年，已低于全国GDP的增长幅度。有关调查公司的数据称，2003年之后，全国新创市场类平面媒体，除了版权引入的一份世界时尚名刊《VOGUE》外，无一盈利。这一数据说明，平面媒体在宏观商业环境巨变之下，盈利难度加大，投资回报周期增长。资本市场对平面媒体的兴趣已逐渐减弱。据央视市场研究公司的数据，2006年中国广告市场总额为2875亿元人民币，较2005年增长18%，去年各类媒体的广告投放量虽均有所增加，但除广电类广告还维持在较高的增幅外，与平面媒体疲软的状态形成鲜明对比的是，网络广告和楼宇广告在2006年分别增长51%和100%。另外，2007年互联网、楼宇电视等新媒体广告将占到全国广告预算的21%。与此同时，随着广告分销体制的变化，广告公司对平面媒体的压榨加强，平面媒体的经营成本明显加大。

当然，商业环境的变化对集团也还有利好的一面。按对主要媒体购买公司的不完全统计，优秀品牌媒体的广告购买占总购买量的比例，2006年比2005年上升了20%。换而言之，优质品牌媒体的竞争力倍增，新生媒体、弱小媒体生存的空间变得更加狭小。集团去年的经营业绩就充分反映了这一状况。

三是平面媒体商业运行模式也在发生重大变化，对平面媒体形成巨大冲击和深远影响。我们一贯擅长的是“内容为王”，但现在市场出现了“渠道为王”乃至“终端为王”的商业运营模式，这不能不对我们形成冲击：渠道类媒体崛起，将内容类媒体的蛋糕大幅减少；内容类媒体在渠道上的劣势，在商业模式上的脆弱开始显现；渠道商加大对平面媒体的压榨，平面媒体渠道成本剧增；读者和市场的“碎片化”，使媒体对终端的争夺更为激烈；公关类企业加大整合传播的力度，使得策划性项目传播性强劲，平面媒体变成仅为此类项目中的一种资源，从而使得单一平面媒体的竞争力大幅下降。媒体商业运行模式的变化，使得传统媒体之间、传统媒体与新媒体之间的竞争加剧。

面对复杂多变的形势，我们要保持冷静的头脑，审慎地分析对待我们的优势和不足。所以要看到我们的优势和长处，是要以之增强我们的信心，鼓舞我们的士气，进行科学的决策。所以要看到我们的劣势和不足，是要以之保持我们的清醒头脑，增强我们的忧患意识、责任意识和奋斗精神。事实上，面对形势变化，我们以“科学发展”和“又好又快”的要求来衡量，集团工作确实还有一系列不相适应、发展不平衡的地方，亟待拿出新的战略和对策，亟待加强和锐意改进，如我们的主业突出，经营领域较为单一；广告一枝独秀，赢利模式较为单一；发展速度较快，发展方式较为粗放、单一，资金来源和积累较为单一；集团经营规模较大，管理杠杆、方式、工具较为单一；采编力量较强，经营管理人才不足；经营平面媒体的能力较强，经营新媒体的能力不足；经营品牌媒体的能力较强，经营品牌变现的能力不足；经营单个媒体的能力较强，经营集团的能力不足；局部研发、运营能力较强，集团的整合研发、运营能力不足，等等。我们要进一步增强紧迫感、责任感和使命感，花大力气采取得力措施，将上述问题认真解决好，将集团的经济工作和各项事业的发展导上科学发展的轨道。

二、关于集团发展战略

在去年底集团战略发展研讨会和这次经济工作会议上，大家提出了许多很好的意见。集团的经济工作和战略发展指导思想，概括起来说就是，面对目前报业市场和新媒体市场的发展状况，我们要在科学发展观的指导下，从集团的实际出发，抓住战略机遇期，一手抓内涵发展，在传统品牌媒体上深耕细作，一手抓外延发展，在新兴媒体和有关领域上大胆突破；科学制定发展规划，锐意改革，高效整合各方资源，创新体制机制、运营模式和赢利模式，大力推进资本运营，加强集团战略管理，以不断强化集团核心竞争力，拓展集团竞争优势为目标，推动集团做大做强，实现从报业集团到报业传媒集团的战略转型。具体来说，我们要实施如下战略举措：

一是致力于深耕传统平面媒体，进一步推动集团做大做强。传统平面媒体是集团的核心竞争力所在，是集团生存发展的战略性基础，还有很多空间可以挖掘，还有很多市场有待开发。我们鼓励和支持传统平面媒体，通过内涵改造的方式，创新盈利模式，转变增长方式；推动平面媒体继续上品质、上水平、上规模，上效益，把已培育起来的品牌媒体进一步做大做强，不断拓展传统媒体的生存空间和发展空间。在对细分市场的挖掘中，不要盲目地铺新摊子，而应该立足于现有的资源和品牌，在现有的媒体上搞创新和内涵改造，利用多种形式开拓广告之外的收入来源，全面提高主报和各系列报刊的盈利能力。

实施深耕战略，首先就要深耕广东市场。要通过南方日报的第六次改版，进一步提升品质，推动其新闻采编、报纸发行、广告经营和管理的联动整合，进一步贴近和占领高端读者和市场，创新赢利模式，继续大力巩固南方日报在集团的旗舰地位和在华南市场的政经文化权威大报的地位；要整合集团资讯资源、渠道资源、印刷资源和公共关系资源等，大力扶持和推动南方都市报的发展南方都市报要与南方日报联手实施“2+5”战略，进行战略性资源整合，进一步形成以广州地区为中心，全面占领珠三角的战略优势，形成南方日报占领高端读者市场、南方都市报占领市民读者市场的战略格局，实现南方都市报新的历史性超越。南方农村报要深耕和进一步贴近农村市场，扩大发行和争取更大的广告份额。在深耕广东市场的同时，我们也要推动南方周末报系和21世纪报系深耕外省市场，要创新发行渠道扩大目标读者群体，要创新运行方式和赢利模式扩大市场份额。南方周末是为集团一直下着“金蛋”、作出过重大贡献的“老母鸡”，希望它下更多更大的“金蛋”；21世纪经济报道是发展迅速的后起之秀，希望发展得更好更顺。

二是致力于实施新媒体挺进战略，加快网络媒体和手机媒体的发展速度。发展新媒体是集团现阶段的重要任务之一。目前网络媒体和手机媒体是我们在新媒体领域的突破口，要积极探索网络媒体和平面媒体的结合点，逐步构建拥有多种媒体形式的产业链。

实施新媒体挺进战略，钟总在报告中提出了一个原则：“高度重视，密切关注，及早介入，谨慎投资”，这个原则要在实施过程中认真贯彻。同时，实施新媒体挺进战略，要注意解决好三个问题第一，要解决好运行模式的问题。集团是究竟只做一个门户网站，还是由各报各自去做一个网站？在去年底研讨会上对此有意见交锋。从集团的性质和实际出发，我觉得统分结合比较妥当，能够发挥集团和系列报两个方面的积极性。在这里，“统”是指集团打造一个集团网络平台，“分”是指各系列报可在这个平台上形成各自的子网站，并由此形成集团的网站媒体群落，同时也有利于报网捆绑互动，推动从传播平台到整合传播平台的转变。二是赢利模式的问题。在目前的网站实践中，这是一个尚未得到满意解决的事情。走报网经营打包销售，辅之以收费阅读、活动创利等之路，这种互为依托、滚动发展的模式切合我们的实际。三是在新媒体产权安排和运行机制上，我们要采取现代企业制度，以建立起有效的激励约束机制，同时避免出现投资“黑洞”。

三是致力于开拓能够发挥媒体优势的相关产业，争取在跨媒体、跨地区、跨行业经营上有突破性进展。在立足于传媒业的基础上，还要积极开拓相关的产业、行业，向产业链的上下游进行扩张，寻找集团新的发展推动力。同时，在物流和一些稀缺资源领域，经过审慎深入的研究，可以通过自己摸索或者与其他企业合作的方式进入，形成集团利润新的增长点。

四是致力于集团战略的前瞻性，加快制定集团五年战略规划。在去年底的研讨会上，有同志批评集团在战略部署上一直比较滞后；有事后总结的战略，缺少事前预测的战略。这个意见是正确的，战略预测和形成确实是我们工作上的一个薄弱环节，需要认真改进。提出要制定集团五年战略规划，就是改进的措施之一。集团要组织专人负责此事，在深入调研、反复论证的基础上，结合市场情况和集团实际情况，认真细致地做好集团的战略规划工作。不言而喻，市场情况瞬息万变，使规划能够切合实际殊为不易。但这关乎集团的长远发展，一定要认真做好。在规划制定过程中，集团的整体战略要考虑到各子报刊的业务特点，以实现集团战略和各子报刊战略的有机协调。同时，集团各业务单元的子战略也要服从于集团的整体战略，集团人力资源战略、资本运营战略等各个职能战略也要服务于集团的整体战略。集团制定战略规划后，还要及时跟踪战略实施情况，并且每年都要根据实施情况进行调整、更新，以把战略目标落到实处。

五是致力于推进体制创新，优化集团组织架构和战略管理体制，实现“控之有序、分之有度”的集团化管理目标。集团和各单位在体制和机制上要进行进一步的创新，逐步建立科学合理的母子公司体制，尤其是要在投融资管理体制、二级核算单位考评制度等方面进行改革和创新。随着市场的开放度和竞争程度越来越高，对企业的管理水平和管理方法提出了更高的要求。我们要实施现代企业管理制度，使集团的体制和机制、管理理念和管理方法都要更上一个台阶；要把集团管理的重心从日常经营管理、日常职能管理提升到战略管理的高度，一切决策的制定和实施都要围绕集团整体的战略规划和战略目标来进行，追求整体利益与局部利益的共赢，这样才能不断强化我们的核心竞争力，拓展我们的竞争优势。

六是致力于探索资本运营模式，以各种方式加快开展对外合作。目前我们集团已经与不少企业建立了良好的合作关系，今后还可以加快走出去的脚步，加强引资工作，与其他的强势传媒企业和投资企业合作共同开发新产品和新市场。在深化文化体制改革，条件成熟的情况下，我们要尝试将部分业务推向资本市场，积极探索集团品牌价值变现的方式，把品牌的优势转变为实际的经济利益和实力，寻求更广阔的发展空间，寻求与集团巨大品牌影响力相一致的经济地位。

七是致力于高效整合配置资源，实现集团整体利益最大化。作为一个传媒集团，我们不仅要大力发展各具特色的系列媒体，更要将系列媒体的资源整合起来，对资源进行合理分配与利用。资源整合不是要刮“一平二调”的“共产风”，而是要通过资源整合，使集团优势和各单位的优势发挥得更好，使整体利益最大化。资源整合，不但是静态整合，更是动态整合；不但是随机整合，更是机制整合；不但是前后端整合，更是过程整合、效益效果整合。我们要有效整合集团内部的新闻信息、人才、公共关系、发行网络和资金、技术等方面的资源，要由易到难，处理好集团整体协作与分兵突进的关系、方向性与实体性的关系。今年主要在新闻信息、公共关系、发行网络等方面重点着手，切实解决集团资源共享问题，避免资源浪费和重复建设。今年全国“两会”报道，集团在资源整合上迈出了第一步，取得初步的效果。要认真总结经验，大力推进集团资源整合工作。

三、关于学习与创新

学习与创新是集团永恒的主题之一。我们作为集团的领导层和骨干，所管理的是一个知识型、智力型的传媒集团，所从事的是一个对政治环境和经济环境双重敏感的传媒行业，所身处的是技术手段与市场结构迅速演变的关键时期，所面临的是日趋激烈的市场竞争，所要迎接的是新兴媒体和传统对手的强劲挑战，所要抓住的是稍纵即逝的发展机遇，所要完成的是创建一流传媒集团的艰巨任务，新矛盾、新情况、新课题层出不穷，不了解、不熟悉、不精通的东西很多，因此，要顺利实现集团的战略目标，只有勤于学习，勇于创新，舍此再无其他捷径。

（一）深入认识学习与创新两者的关系及其对集团工作的意义。

学习和创新历来都是相辅相成的。学习是创新的基础，创新是学习的升华，没有创新的学习就是墨守成规，没有学习的创新很可能是闭门造车。回顾南方报业的发展历史，学习和创新既是南方报人一以贯之传承不绝的优良传统，也是构成集团企业文化的重要方面。在历史上我们也不是没有走过弯路，正是由于我们勤于学习，才逐渐认识并逐步掌握了市场经济条件下的办报规律，进而走出困境；正是由于我们勇于创新，才能在改革开放的大环境下先行一步，通过率先探索报业改革之路，奠定了集团在全国传媒业中的影响和地位。从根本上讲，集团的成功就在于学习和创新。勤奋学习才有思路，勇于创新才有出路。要以学习的精神顺应变革，以创新的思维迎接挑战。在新形势下，我们更应该继续保持和发扬学习和创新的精神，通过聚精会神的学习和持续不断的创新，有效整合内部资源，进一步拓展传统媒体的生存发展空间，积极稳妥地开拓新的业务领域，顺利实现集团又好又快的跨越式科学发展，把集团办成一个永葆青春活力、旺盛创造能力的朝阳企业。

加强学习是不断提高驾御经济工作能力的根本保证。客观地讲，集团各级管理人员尤其是领导班子的政治和文化素质比较较高，具有丰富的新闻运作和把关经验，但由于我们大部分都是主要从事新闻采编工作出身，知识结构相对单一，现代的经营管理知识比较薄弱，从事经济工作的能力不很强。我们已经认识到了这种欠缺，也采取了各种措施进行弥补，例如我们与中山大学管理学院合办EMBA课程培训，组织集团采编和经营管理岗位上的80多名中高层管理人员参加了这个项目，在集团去年与美国密苏里新闻学院合办的高级研修班上，我们还专门设置了报业经营管理方面的内容。这些学习和培训，在一定程度上完善了我们的知识结构，但还远远不够。为适应集团今后改革与发展的要求，我们亟需进一步加强学习。我们既要注重自身的学习，更要注重组织学习，既要注重个体知识的积累，更要注重组织知识的共享，要把南方报业传媒集团建设成为学习型组织，从而使学习真正成为持续提高集团经济工作和各项工作绩效的动力。

（二）要为实现集团又好又快的跨越式科学发展而努力学习。

我记得周恩来总理年轻时有一句名言：为中华崛起而读书。这句话不知激励了多少热血青年，为祖国崛起于世界民族之林而勤奋学习。今天，要实现集团又好又快的跨越式科学发展，也要以这种精神不懈地学习。在现阶段，我们学习的重点内容，一是要认真学习科学发展观这一改革开放和经济建设的实践结晶。发展是集团经济工作的第一要务，因此集团经济工作就要靠科学发展观来统领。只有认真领会科学发展观的本质与核心，才能从根本上保证集团各项事业全面、协调、可持续的发展。二是要认真学习现代经济学知识，经济学提供了认识和解释世界的独特视角，学习经济学可以帮助我们深刻理解经济规律，从而驾御市场经济。三是要认真学习现代管理学知识。集团下一步面临进一步深化改革的艰巨任务，没有现代管理的理论知识，建立科学的管理体制就无从谈起。四是要认真学习金融和财务知识，进一步提高投融资管理的水平，为集团有效利用资本市场创造智力条件。五是要认真学习信息技术知识，可以想象，不掌握一定的信息技术知识，不了解网络等现代传播技术的最新进展，要实现新媒体拓展，无异于缘木求鱼。六是要加强思想政治学习。在这里我要强调思想政治学习的重要性，强调导向的重要性。虽然这个会议是经济工作会议，但集团领导班子和各部门、各单位的主要负责人都来了，而导向与经济工作息息相关，导向把握不好，出现导向问题甚至出现严重问题，就会对报刊社乃至集团的发展造成严重损害。因此，我要再次强调，导向是新闻工作的生命线，是集团发展的生命线。要加强思想政治学习，在思想上、政治上与中央保持一致；要用制度来保证思想政治学习，提高学习效果，使导向的把握有可靠的思想政治基础。

在学习过程中，要注意与工作实际相结合，学以致用。学习的本质是知识的积累，更是行为的改进。学习的途径既要通过书本，也要通过实践。我们要向国际国内不同行业的先进企业学习，学习他们的科学管理方法和现代经营理念，在我们建立现代企业制度和集团公司管理体制的过程中，有许多看似难于解决的问题，也许别的企业可以提供参考答案，帮助我们实现跨越式科学发展。我们要向传媒同行学习。近年来一些媒体同行在经营管理的某些方面走到了我们前边，许多做法值得我们学习和借鉴，通过向他们学习可以最大限度地避免自己在发展过程中走弯路，并获得“后发优势”，这就是所谓的“标杆学习”。我们更要向竞争对手学习，有人说“对手是最好的老师”，这话不无道理。无论是传统市场的竞争者，还是以网络媒体为代表的新的竞争对手，他们的经营理念和竞争策略不乏精彩之处，值得我们虚心学习、认真研究。有充分的证据表明，竞争对手也在学习我们、研究我们，从这个意义上说，我们和对手之间既是竞争策略的较量，也是学习能力的比拼，谁更善于学习，谁就有可能在日趋激烈的竞争中占据上风。

（三）要为不断创新以提高集团核心竞争力而努力学习。

学习的目的在于创新，创新是通过新理念、新途径和新方法来实现社会效益和经济效益的过程，也是获取竞争优势的决定性手段。当前，在报业面临新媒体挑战越来越严峻、行业竞争越来越激烈、环境演变越来越迅速、市场分化越来越明显的条件下，创新更是决定集团生存发展的关键力量。我们要努力把集团建设成为创新型组织。

回顾集团的历史，可以说，成就非同一般，探索十分艰辛，经验弥足珍贵。其中的一点宝贵经验就是，集团的发展得益于创新。比如我们创新党报的办报理念和运营模式，连续五次改版，奠定了南方日报在全国省级党报中的优势地位；我们创新国内周报的新闻视角，使南方周末一纸风行二十年；我们创新了都市类报纸的市场策略，造就了南方都市报的市场成功；我们创新了国内报纸融资结构，帮助 21 世纪经济报道迅速崛起，等等。

今后，我们在与报业同行的赛跑中能不能继续领先？当行业环境和游戏规则面临变化的时候，我们能不能挺立潮头、持续发展？这都要我们通过创新的实践来回答。当前和今后一个时期，集团要在以下几个重点方面有所创新，有所突破：

一是战略理念创新。

正如我多次所讲：战略决定体制，体制决定机制，机制决定活力，活力决定效益，效益决定发展。所以，战略在这些所有关系里面，处在至关重要的位置，只有战略正确了，其他的行为才有意义。要进一步深入研究集团的发展战略，树立大战略的思维，加紧制订集团的整体战略规划，推进集团的战略发展。

二是治理结构创新。

我们在体制改革方面面临的任务仍然十分艰巨，要通过国有资产授权经营，明晰产权，把集团真正转变为“自主经营、自负盈亏、自我约束、自我发展”的法人实体和市场主体，同时建立适应传媒业管理特点的公司治理结构，权责明晰，激励与约束机制并存，有效解决所有权与经营权分离后产生的委托代理问题，尤其是在即将进入的新兴媒体建立起规范的现代企业制度。

三是管理体制创新。

要通过管理体制创新，完成从报业集团到报业传媒集团的转变，同时合理划分集团公司与下属子公司之间的权限和责任，构建科学合理的母子公司管理体制，真正实现“控之有序、分之有度”的集团化管理。管理体制创新的重点和难点是不断完善集团的激励约束机制，使集团和各二级核算部门之间、二级核算部门之间建立起利益共享、优势互补、资源整合、合作共赢的良性关系。

另外，还要认真研究进一步改革集团薪酬制度的思路，使薪酬体制真正起到持续促进组织绩效的积极作用。

四是传统媒体的运营模式创新。

传统平面媒体是集团的老本行，是我们的核心竞争力所在，也是我们的品牌优势所在，在目前以及今后一段时间都还是集团的业务大本营和主要盈利来源。而我们要做的是要进一步思考如何办报办刊，如何拓展报刊的生存空间和发展空间，如何进一步优化盈利模式。

五是业务领域创新。

在去年底集团战略研讨会上，我们有一个共识：现在我们已经进入数字化时代，数字化时代的新闻传播出现了一些趋势，比如传播活动的网络化、传播渠道复合化、传播主体的多元化、受众和市场碎片化，等等。在这样的情况下，集团的跨媒体发展也势在必行，我们注定要涉足多元化的媒体领域，因此我们要加紧研究探索实现传播手段和业务领域创新的途径、手段和商业模式。

六是竞争策略创新。

我们要创新市场化的竞争策略。随着竞争越来越白热化，媒体之间的竞争将是包括新闻品质、市场定位和竞争手段在内的竞争策略的比拼，只有那些市场化程度更高的媒体才能够最终赢得竞争。我们要通过创新发挥集团的整体竞争优势。随着集团涉足多元化的媒体领域，掌握多元化的传播渠道，我们要研究如何通过强有力的资源整合，强化集团不同业务单元之间的竞争策略协同，从而最大限度地发挥集团的整体竞争优势。

我们所肩负的任务和使命是十分繁重的，也是十分光荣的。只要我们保持一股甘为集团的发展作出奉献的正气，保持一股团结拼搏、昂然向上、积极进取的朝气，保持一股敢于克服一切困难、勇于开拓创新的锐气，我们就能高效完成任务和使命，推动集团实现又好又快的跨越式科学发展！

（2007年3月29日在南方报业传媒集团2007年经济工作会议上的总结讲话）

图片摄影：何洪伟

南都新闻报道奖的理念、价值及启示

□范以锦

时下各类新闻评奖不少，除了经国家批准的全国性的新闻奖之外，各省乃至地市都有新闻评奖，有些专业类报纸设置了行业新闻奖。各新闻单位内部设立自已的新闻奖也相当普遍。我任广东省新闻奖评委主任多年，还担任过全国性的评委，并参加过一些地方报纸和行业的新闻评奖。我深感像南方都市报那样一丝不苟地做好评审工作的新闻奖，实属少见，而他们所追求的新闻理念和坚守的严格评判标准，更是令人赞叹、给人启迪。

全国各类媒体很多，在评审时往往会考虑各类媒体、各地区的平衡。尽管如此，评出来的毕竟是少量，很难平衡到具体的新闻单位。而且这种平衡，也有可能将某些新闻单位好的作品平衡下来。作为一个具体的新闻单位在内部开展评奖，则不必顾及这个关系那个利益，完全可以将真正优秀的作品评出来，在身边树立标杆。南方都市报就是这样做的。他们的评奖并非例行公事地走过场，响亮提出要将新闻报道奖办成南都的“普利策”、“奥斯卡”。既然将标杆立得如此高，在具体操作中自然要建立完整的评奖体系。从动员、推荐到评奖、颁奖，乃至幕前幕后的各种活动，都规范、有序地进行。在颁奖会上，我听到的得奖理由表述得非常充分、非常专业，得奖者写的得奖感言也让你感动和激动，就连颁奖场面也体现了他们的激情与创意，十分令人振奋，整个评奖过程起到了鼓舞人、教育人、激励人的作用。

形式是为内容服务的，重要的是评奖的内涵。我连续两年参加南方都市报新闻报道奖的颁奖大会，了解到评奖的内幕，最值得赞叹的是他们的评选理念。他们认为做新闻就是在生产思想、生产艺术、生产影响力，因此必须有较高的评判标准。南方都市报新闻报道奖的内涵最核心的就是评奖以是否符合南方都市报的采编理念和要求作为最根本的评判标准，也就是评奖要与南方都市报所追求的理想和品位相一致，与他们追求的目标相匹配。南都最大的目标追求是什么，我想就是它常用的口号“办中国最好的报纸”。与此相对应的最基础的工作应该是“做最好的新闻”，评出的作品理所当然也应该是好新闻中的上乘之作了。开展评奖以来，他们把握这一评奖的理念，将最具闪光、最具价值和最具示范意义的作品评选出来。他们还特别强调首创意义，独家性及社会影响力是特别看重的。

南方都市报的评奖是全新的、独立的、内部的。既然是内部的，而且评的又是南都的“普利策”、“奥斯卡”，就不用搞平衡照顾、轮流分享，无必要“排排坐分果果”了。你有我有，好像很和谐，但却起不到激励的作用。为更好体现公平公正，作品可以由部门提交也可以由记者自已提交。说它是全新的、独立的，因为它不照搬照套全国和省新闻奖的评判标准，坚持从实际出发来确定评奖的内容和方法。由于新闻体裁的多样化和互相渗透，传统的消息和通讯也在嬗变中，因此南都的评奖打破了传统的对文章字数的限制，更不会以谁表扬了多少次为标准，独立地创建自已的评判标准。标准只有自已认同和社会认可(即社会影响力)。尽管评奖中也会有各种不同意见，但作为管理层和决策者评奖的初衷总是希望将最优秀最能反映南都水平的作品评出来。总的来说，比我参加过的许多评奖还规范和进步。

从南方都市报的评奖再看全国和全省性的新闻评奖，我认为评奖工作有值得审视和改进的方面。凤凰卫视的杨锦麟先生在评议孙志刚案的报道时曾说过，如果这样的报道都不能评新闻奖，还有什么能评奖？但事情就是这样的儿戏，这篇报道不仅不能评中国新闻奖，就是广东新闻奖也不能沾边，不是有没有评上的问题，而是连参评的资格都没有。原因很简单：超长。中国新闻奖规定了参评作品的限制字数，广东新闻奖要从本省获奖的作品中选送参加中国新闻奖评奖，因此也照搬全国的规定，这样孙志刚的报道就被排除在外了。南方周末刊发的公安英模任长霞事迹的长篇通讯，不仅广大读者叫好，就连新闻管理部门都说好，可以说是最不具争议的好新闻。广东以此为依据，上报中国新闻奖评委会，希望能作为特别奖予以关注，结果也依然落榜。因为“超长”的特别奖不轻易设，而且设了也一定是国家级大报刊发的特别重大题材的报道，怎么都不可能落到地方媒体上。

其实，如此评奖的字数规定是在特定历史条件下制定的，现在也该改一改了。“文革”中，任意拔高、空洞无物的文章占据了大量版面，党的十一届三中全之后的新闻改革热潮中，首先得以清算的就是文章的“假大空长”，提出了文章“短些短些再短些”。与此相呼应，在新闻评奖中为了倡导写短文章的风气，也就规定了消息、通讯等新闻体裁的文章的字数。在当时特定的历史条件下有其进步性和合理性。事过境迁，20多年过去了，特别是随着报业竞争越来越激烈，绝大多数报纸都不会着意去拉长文章，作为读者也不在乎文章长短，关键是内容。特别是随着新闻调查热的兴起，一批有高度深度的大文章反而拥有了更多的读者，在这种情况下仍坚守字数的限制不放，显然是跟不上新闻事业发展的形势的。声名远播的《南方周末》以长篇新闻调查著称，但它何时得过大奖？因此，我建议这种评奖办法应当改进。另外，可否参照科技进步奖的评奖办法，不搞什么平衡照顾。当然要中止传统的惯性也是很难的。如果暂时有困难，可新辟一条途径，增设一个完全按新闻价值和质量的评奖，作品不注明来自哪个报，评委由专家来担任，排除人为的干扰。评奖的类别和范围也要随着形势的变化而跟进，比如过去中国新闻奖没有网络新闻奖，随着网络媒体迅速发展及其与日俱增的社会影响力，现在增设网络新闻奖了，这就是与时俱进。现在报纸独家新闻越来越难做了，各报相当重视策划，这种策划往往有独特的视觉、独到的观点，有高度、深度，有影响力，能否增设策划奖？我认为值得有关方面研究。

（作者为广东省新闻工作者协会主席，暨南大学新闻与传播学院院长、教授）

南方都市报系执行总编辑　庄慎之

2006 年度南都新闻报道奖评审内幕揭秘

□庄慎之

2006 年度的新闻报道奖已尘埃落定，关于南都新闻报道奖的理念、意义等，已在去年作了陈述，办南都自己的新闻报道普利策奥斯卡的决心并无改变，在此就不再赘言，今年更多从技术层面作一番解读。

今年采编员工的参与热情较首届明显提高，申报作品总量增加一倍，“申报技巧”也更为讲究（即大家更加准确地理解各个奖项的评选标准并结合“中奖难易度”的判断来参与申报，申报理由的陈述也更为到位），作品整体水准也相当理想。而从评审过程来看，因时间较为充分，申报材料的准备工作也做得足，今年大部分评委能够较完整地审阅作品，评议投票环节也就可以更加严谨。

今年无论是在提名阶段还是在评奖阶段，评委会都按照如下程序进行：各评委阐述评阅感受提出初步意见——分头提名打分——集中计算排名——评委会评议——再投票打分确定——对仍有争议作品再度投票表决。这样一个反复的过程，尤其是评委会评议及再投票的过程，可以使各评委的意见得到充分地表达，从而较好地保证真正优秀的作品能够在各评委“法眼”中得到更多的展现机会。今年除很少数评委因工作安排等原因没能参与外，绝大多数评委都完整参与了整个评审与评议，而其中有些奖项评审争论之激烈、投票高低之接近都让人感叹不已——我不认为这是评委们理念差别太大之故，而确实是南都的高水平作品相当多，极难取舍，同时这也是评委们对评审高度认真负责的表现；而且，各评委最后在绝大多数奖项的评选中最终都能够达成统一，哪怕是极少数情况下的不同意见也都能接受“愿赌服输”的民主政治原则，尊重最后投票结果，“部门利益”、“关系平衡”等等的超出评奖原则的纷争基本上没有出现。

下面我就对各奖项提名到评奖中的“内幕”作一番披露，固然这是显示南都新闻报道奖的公平性公开性，而更重要的是，这样一个反复甚至是“交锋”的过程，实际上也是南都采编理念的一次碰撞研磨与明晰提升的过程。评奖不是目的，让所有采编人员理解南都主张什么，褒扬什么，为什么会有这样的判断，这才是真正的目的。

普通新闻报道奖

这一奖项是作为综合类日报中最大量、最有代表性的作品的评定，独家性及社会影响自然会是评委特别看重的，从提名到评奖，南方医科大博导被劫杀一稿都是高票，而且评委们一致认为，这一报道集中显示了南方都市报长久不衰的“看家本领”“招牌菜”的功夫（之一），而这种功夫，无论我们再怎么“登堂入室”再怎么“主流”都不可轻视不可丢弃，否则那将是挥刀自宫自废武功！城管扒城管稿件的入选亦可列入此列；52业主抽签争车位则因对社区新闻的标志性意义获得提名；深圳公处卖淫女则因其巨大的后续社会影响而在第二轮投票中进入提名。而像K厅行会对包房费说不、书记省长送礼小器、讨薪被驳拆走招牌、派出所前警察被捅重伤等多篇优秀稿件限于提名数的严格控制而没能入选，让人惋惜。

评奖环节中第一轮评分统计，前三名为博导被杀、城管扒裤、公处卖淫；

首先有评委指出公处卖淫稿的重大“短板”，即记者在稿件中没能体现出南都对这一事件所应该持有清醒的判断，整个报道停留于浅层的“客观”上，没有对事件中公权力可能的越界表现出应有的质疑（比如可以配加记者手记，或者最简单的，增加采访法律界人士提出疑问就可以更加不露痕迹），全国舆论的大讨论其实只是以本报报道为事实基础，也就是提名辞中提到的这篇报道只是“导火索”而未能成为直接的“点火者”，这是蛮可惜的，因此该新闻在终选投票中没能进入金银铜奖。评委们本来对孟浩事件的报道比较看重，尤其是这类报道，同样是细小个案牵涉像公民意识公民社会等的宏大命题，这是有志做大时代转型的记录者培育者启蒙者的南都所推崇的题材，但有评委指出，该报道文本写作略有不足，从一开始就与被报道的一方没能“拉开距离”，如果说公处卖淫女输在缺少了判断立场，孟浩报道则是立场倾向从一开始就太过鲜明了，而中国富豪发迹东莞报道则由于本身的独家影响，且属于非“恶性事件报道”，更因它是南都 2+5 模式在报道上的一次成功范例而被评委垂青，后来居上夺得银奖。

人物报道奖

在该奖项申报中，还是有少数员工对此奖未能准确把握，交来的作品实际上不算人物报道，比如有的对话，实际上是在讲“某事”，而根本不是报道对

A06 重点 A07

撞车党辣手逼财 残杀南方医大博导

南方医科大学知名教授卿三华遇害案告破，警方提醒盗抢机动车案日发70余起

案发经过模拟图

“我们惋惜！同情！痛恨！”

送朋友龙眼 归途中遭劫

跨区信息服务 助你运筹帷幄千里之外

话对象这个“人”。这一点希望今后的评奖中要加以注意。

虽然这一奖项申报作品不算多，但竞争依然激烈。在首轮提名投票中，报社首席记者姜英爽完成的高勤荣的对话高票入选，但是在评议时，有评委提出，这篇对话虽然是极为高质量的作品，但里面的高勤荣显得太悲壮太正面太“英雄”了，而从之后的一些报道所反映出来的，是高本人一直对舆论权力有着某种程度上的误用甚至是滥用，而这篇报道未能触及这一点，而且本篇姜英爽也没有完成对自己去年佘祥林对话的水准的超越（这个说法可能会让相关同事有点不服，但评审其实会有这样的印象分，就像金马奖评审，会说梁朝伟这个角色没能超越他上一个角色，哪怕演得再好，可能影帝还是不奖给他。呵呵）；而这一意见被众多评委接受，第二轮投票时本篇没能进入提名（我猜想姜首席在领奖时说她心目中的自己最好的作品没能得奖可能就是指本篇吧），爆出大冷！而相比之下，王雷与姜英爽共同完成的“两个家庭的申冤路”及姜俊武对话，因其冷静理性而又直达内心的报道，则是全无异议最后

两个家庭的“申冤”路

南方都市报 A04 重点

女教师裸死案被告“无罪”

黄静案宣判

历时3年多一审宣判，法院认定姜俊武“特殊性行为”不属强奸罪，判决书批评了检察院

两家人均不满判决

重点 A05 南方都市报

被告姜俊武讲述内心挣扎

我不后悔认识黄静

一举夺魁。

人物报道奖可能是在各奖项中对文本写作最为强调的一个奖。而在申报作品中，有关邓哲玉朱凤梅的报道非常显眼，几个作者提交的多是系列报道，但评委会只选择了其中的一个单篇《朱凤梅的邓哲玉式死亡》(这也体现南都新闻报道奖并不只讲“堆头”而忽视单篇作品或个人作品)，这两个悲情人物的社会意义因这样的相提并论得到了放大，同时，这一文本构思及其文笔也足令人动容，我们在提名辞与颁奖辞里都特别强调了文章对人物命运的追索超越了简单的凄惨的渲染；讲究文本写作，也使《寂寞让他如此冷漠》这样一篇极“小”的题材的讣闻报道进入了评委的视线，当然，袁小兵的民工第二代系列报道也是上乘之作，未能提名有点可惜，可能在影响力上不够抢眼，未能成为话题。

而在最后评奖时，金银奖没有异议，最激烈的票选出现在对追思警魂与白领之家的争夺上；两个报道都有相当大的社会影响，追思警魂的支持方认为无论官方还是民间高层还是普通百姓与警员都能认可，而且从报社层面南都需要一些这样的社会各方的认可，而且从文本意义上，在人物报道奖中奖励这样的一个人物群像式的作品，也是对丰富报道样式的一种鼓励；而白领之家的支持方则认为这一报道切中时代最热命题，感同身受，同时认为追思警魂报道并不是每篇俱佳，有些有拔高之嫌。最后第三轮投票，白领之家以一两票之差与铜奖错失。所以这里要说，刘荣(“白领之家”的作者)，你输得一点都不窝囊，或者说，本来就无所谓输，白领之家同样是南都去年人物报道的精品！

深度调查报道奖

该奖在提名时评委们的目光很快都集中在了六七篇稿件上，并没有太多的分歧。去年深度调查组的同事佳作迭出，占主要分量很自然。广州新闻的“富豪沉尸案”则因对资讯封锁的有效突破与扎实的调查及广泛的影响入围；经济新闻的“药品招标”，则因作为去年经济新闻版块创立“深度”版的代表性作品也被提名。“厚街贩毒内幕揭底”记者付出了相当的功夫与冒了极大的风险，报道也引起较大的关注，但因其题材不算新，采访本身可能更多是南都传统的“暗访”还不算真正意义上的“深度调查”，因此未入选，但评委们还是对参与的记者给予了很高的评价与敬意。

真正的较量可以说是在深度组的作品之间展开。彭水诗案与高莺莺案全国范围关注，评委们意见一致，而“悲情沙埕”、“器官移植”及“激辩物权法”三篇不相伯仲，有评委特别赞赏物权法一稿的文本价值及其作为“深度调查报道”的一种较新形态的意义，作者韩福东对这种时政类题材的宏观把握的精准受到推崇；而“悲情沙埕”则是在“异地监督”风声最紧的一段时间里的贡献，而且文字有着动人的感染力。不过，“悲情沙埕”因为当初题材敏感因素的考虑而没能首发，待新华社浙江分社作了报道之后本报才作刊发，激辩物权法的独家意义也不是很明显，因而最终采访难度极大、调查取证要求更高、且是全国首发的器官移植报道入选。评奖环节时评委们则意见相当统一，没有太多争议。

A16 深度

A17

重庆彭水诗案

一公务员因编写短信针砭时弊获罪被押

核心提示

事情闹大了

40多人受牵连

律师：指控不成立

没人敢说话了

全球无处不漫游：

中国移动用户随时随地拨通亲朋好友

生活服务报道奖

“广州房价及楼市政策系列报道”有点众望所归的意思，其对广州楼市政策变化、价格波动持续经年的紧密细致的关注令评委印象深刻；而与此相应的，有评委认为深圳的“不买房行动”也不错，但多数评委认为，从去年的楼市走向看，“不买房行动”是发起人对市场走向的误判或者只是停留在某种情绪化表达，如果读者当时响应不买房将成为受害者；经济部的“南都车价指数”虽然也有着不错的对读者的指导服务价值，但可能因为不算去年的特别热的热点（尤其与楼价相比），从题材到制作也不算特别出新，所以没能引起评委们的注意；“低保户一个月没吃过叶菜”被好几个评委提及，但因其涉及面较小而被忍痛割爱；对“广州污水菜报道”评委们则认为虽然也有蛮大反响，但还只是南方都市报当年潲水油报道类的常规监督作品，未见明显突破。而龙岗区长居民家闻废气、佛山百年婚俗因其题材独特性获得青睐；孕妇攻港及中华美食寻

重点 A03 南方都市报

黄金周：楼价疯涨 供应缩减

●广州诸多楼盘以超万元震撼价推出，均价6000元/m²以下房屋减少

●业内人士称政府严控预售和囤货现象加重导致供不应求

网民再号召：评广州最暴利楼盘

200多买家彻夜排队

天河公园板块：最低7500元/m²

重点 A05 南方都市报

中央下“猛药”稳定房价，建设部等九部门联合制定15条措施

90平米以上首付至少三成

8大“硬指标”调控房地产市场

下一步，房价是涨是跌？

根之旅入选都是情理之中，但在最后的评奖二三名竞争中两个报道有过一番争斗，首轮投票孕妇攻港占先，但评议时认为，“美食寻根”因深圳杂志较少被评委留意的缘故有点吃亏，其制作意念及水准都属上佳，孕妇攻港虽然影响巨大，但从生活服务角度来说，它提供的是一种“反向”服务，此意见被大多数评委接受，最后再经投票确定最终排名。

常规版面编辑奖

越是“常规”，评选的难度越大。对于编辑来说，他编辑某个版，既要做得常规，即符合该版定位版面一般要求等，又要做得出彩，有个人创意，评委们要拿捏其中内容与形式的关系，又得注意这个版的影响是来自于记者稿件本身的价值还是编辑功力的体现，这也是颇费周章。

有编辑申报作品时一古脑将他全年的版面统在一个名堂下（比如全年的“南都大排档”，全年的“白话广州”）交来，这显然都是理解错误，这是评某一版面佳作，不是评选好专栏好专版，后来这些都在评委会要求下作了调整，选出了代表性作品参评，希望明年申报时避免出现这种情况。

最后入围提名的作品，既有真正日常的新闻版面，也有某种专版里的代表性版面（像漫画联盟版、速览版、白话广州版等），前者是对当日版面编排的肯定，后者则更多的是对全年这一专门版面工作的表彰；像作为新创版面的速览与白话广州，可以说是去年改版后的亮点，获得评委认可。封面“霍英东举殡”也是让评委们颇有好感，进入了提名，不过最后评奖时大家认为本版相比于作者刘晨自己当初所做宋美龄逝世版并未有大突破，所以没有进入金银铜奖。

最大的争议来自金刚版！

金刚版提名确实在评委中也有不同的意见，正如它当初见报时所引起的轰动一样，喜欢它的读者非常地喜欢，反感的读者非常愤怒，版面编辑所带来的话题性甚至会超过金刚电影本身；评委们虽然各有看法，但无一否认本版的震撼性，绝大多数评委也不否认编辑在创作此版时的诚意；我在写提名辞时似乎突然感受到编辑在编此版时的状态很像黄健翔评球时那一段发飚，这也给了我灵感写出此段评语，虽然像黄的发飚一样有着巨大的争议，但编辑确实体现出了南都娱乐制作里某些灵魂性的东西——真诚、激情、创意、打破常规，以及娱乐精神！

娱乐鉴证科 ESI
Entertainment Scene Investigation
Please come in

大写《金刚》

《金刚》

看完之后想到街上去拦住别人，跟他说，别走了，先去看《金刚》吧。——网友floyed

如果《无极》的票价是70块，《金刚》票价应该700块。——《南方都市报》编辑庞晓鹏

猩猩之爱，可以燎原。

看电影的人都很开心，搞电影和评电影的人都很绝望。

《金刚》出来以后这世界上就只有两种人了，一种是看过《金刚》的，一种是没看过的，你一定要做第一种人

上世纪70年代的年轻人回首往事时会说他们有《星球大战》，多年后我们回首往事时会说，我们有《金刚》。——庞晓鹏

影评人闭嘴。

看完《金刚》后，我对电影版编辑说：你把我的版拿去做《金刚》吧。

在我所看过的电影中，《金刚》是第一部在看到特技镜头的时候我没“出戏”的一部。对于以前的电影，我经常会想：“这个特技真好，这个特技真棒，这个特技是怎么拍的？”而看《金刚》时，我一次也没这么想过。

史上最贵最长的纯情虐恋片，没啥可说的，电影已走进新时代，让我们去看世界第八奇迹吧。

很多女观众哭着走出电影院，然后怎么看自己的男朋友都觉得不顺眼，觉得不如大猩猩体贴、威猛。

没看过《金刚》的人生是不完整的，我想让我手下先去看完《金刚》再来干活。

《金刚》要看100遍。

我一定要拉着我的女友来看这部电影，并在最后吻她。——网友Dale

如果有一部电影不能BT下载在家看，那就是《金刚》——因为你是在亲手毁掉自己的幸福。——网友Howie

我看完出来的时候外面正飘着小雨，我没伞就戴了顶帽子走在人行道上，我前面走着四个穿羽绒服的男青年，有说有笑，我当时真的觉得，你们笑什么呢？你们连《金刚》都没看过，人生还有什么可笑的。我替他们感慨了好几分钟，默默地走开了。——《外滩画报》编辑王晓光

Kong Is King

而这是一个常规版面。为什么归入常规，因为这是在常规娱乐评介版里对一部作品作出评介，就这个意义上是常规的，只不过编辑手法编辑理念创意超出了常规，那种澎湃的激情也是“常规”两字所不能束缚窒息的，而这一点，其实是超出了娱乐版面的范畴，评委们最后意见相对统一，觉得应该肯定与鼓励的，在评奖时评委们意见反而分歧不大了。

当然，在最后的颁奖辞里也专门作出说明，就是这个金奖，不是对这个版的“术”的表彰，而是对其“神”的嘉奖！

南都，永远都需要这样的激情与创意！

特写摄影奖

这个属于比较“冷门”（但其实对于南都来说是很能体现“档次”）的奖项。

评奖中则几乎没有什么争议，周云哲的先锋城市论坛系列，被评委们一致赞赏，其作为设计摄影图片，意念造型与制作手段浑然一体，且这些大师大腕先锋们能够那么服贴地被我们的摄影记者摆布，使组照最终非常好地显现出“先锋”与“城市”的感觉，这些都使这组并没有什么“姿色”的图片有着更为深厚的力量感；黄集昊的“情迷杀手”则有

以光芒和睿智为先锋加冕

深圳先锋始于此时此地

着完全另一种的新锐外化的情绪，设计感强，色彩、造型、冲突强烈，评委同样给予了好评，夺得银奖；而相比之下，对本年度的“深圳小姐性感往南”，评委们认为虽然摄影记者用心良苦，特地使用幽深的宫廷氛围里的泳装照来营造某种神秘的性感，但整体感觉比不上往年的制作，选手表现僵硬，美感不足。

现场新闻摄影奖

本来这个奖项也只有五个提名，评委们在看到摄影记者提交的众多非常优秀的现场新闻摄影作品后，商讨后取得一致意见，现场新闻摄影与普通新闻报道、常规版面编辑及策划系列报道三项一样，都是南方都市报作为一张综合性日报里最基础也最大量并最具代表性的报道项目，所以也很有必要从本届评奖起增加此奖项的提名与得奖名额。

这一届申报作品水准极高，有好几张未能进入提名的其实都得到了评委们很高的评价，比如方谦华于直升机上拍到的乐昌洪灾京广线空悬一线的独家照片，比如惠州小学生车祸图（见报时的十字路口现场图的惨烈令人印象深刻，但申报作品却选用了事后同学在现场点烛纪念的一张，逊色不少），比如深圳城管扒裤（这张图在社会上发响强烈，但遗憾的是此为摄影记者赶到前文字记者的“业余之作”，技术水平有相当的欠缺），还有深圳医院的钢盔女护士照、公处卖淫女照则因拍摄难度等等这样那样的原因而与提名失之交臂……而图片部作部门“调控”时原来甚至想不选送“东圃化学品泄漏”组照，原因是作者范舟波已有“疯汉开铲车”的组照很有夺奖希望，评委会最后还是坚决否决了图片部这一“企图”，要求必须提交最有代表性的作品。

南都的这个奖项，更多的是从报纸报道的需要及报道效果来确定，是将单幅与组照混评，这与其他的新闻摄影奖项明显不同。在南都刊发的作品，能最好地体现“新闻”与“现场”这两个要素，不管单幅（这单幅也可以在见报的组照中挑出，比如这次刘可的“手机照”与“只能杀自己”）或组照，都会被评委重视。最后获得提名的八组作品恰好都覆盖了这几种情况。而显然，现场新闻摄影与“突发”几乎是有着天然的联系，八个提名中，仅有丙戌渡江属于时政类报道，而它也得益于在这样重大的时政事件中，我们的记者抢到了最有利的位置，抢拍到了最重要的瞬间。

评奖其实也充分地体现了这一条。刘可的两幅得奖作品，都可以说是突发事件中的特写，手机图尤为显示了一种内蕴的情感与力量（真要说瑕疵，那就是因为禁令要求而在“瞬间”版迟发了一天，这固然非记者之过，但新闻图片的现场感，肯定与时间紧密相连，这可能说明得奖有时也得讲讲运气）。

对最后金奖作品，有评委认为东圃化学品泄漏组照正好在之前得了全国的金奖，会不会说我们有跟风之嫌，另也有评委指事件不是独家报道，另组照中也有专业上的不尽完美之处，但评委们最终认为，在这样的一个危险的事故中，只有我们的摄影记者，靠着捡到的一个废了的面罩，冒着生命危险冲到了最里面，真正地进入了现场甚至可以说成为了现场的一部分，从而拍到了别报抓不到的镜头，见报的效果也非别报可以相比，与这样的搏命换回来的现场感相比，技术上的瑕疵实在可以忽略，南方都市报应该也必须给予这样的记者最高的奖赏！

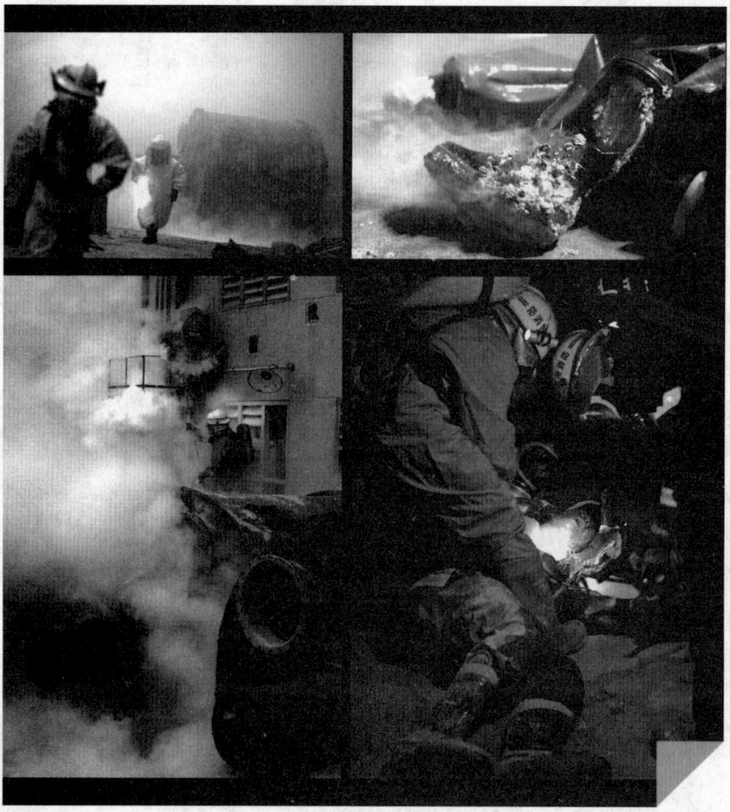

专题摄影奖

这或许可以看成是摄影中的“深度报道”。

在提名阶段还不会有太多的争议，主要是孙涛原来提交的是他为整个倾城特刊所拍摄的唐山的组照（甚至包括后来一期目击版的今日唐山的人物照），但评委认为，这样的组照太庞杂，无论是拍摄意念与手法都并不统一，整体水平、给观者的感受也不一致，并不“专题”，相反，其中的“康复村”系列反而更有专题的感觉，而且给予评委们更为深刻的印象与震撼，所以评委会将这组作品单独拎出来进入提名。

而在评奖阶段评委们就争得有点不可开交了。

当然，“青藏铁路”评为金奖不在争论之列，该专题无论是从选题到实施到最后的拍摄呈现，都可以说显示了足够的“深度”，吴峻松几度深入青藏高原，历时数月，制作了超越普通赞歌式的作品，而展示了更深层次的人文思索与关怀，获得金奖可谓众望所归；需要特别说明的是，在评奖阶段，该组作品的作者加入了图片编辑梁音的名

翻昆仑山,跨可可西里,越唐古拉山

长路穿越冻土

青宫电影城

西藏的另一种时间

字。这是因为图片部提交了足够的“证据”证明梁音对这一专题摄影制作所作出的实质性贡献：这其中包括制订详细的选题策划案及拍摄计划，甚至细致到记者的线路、日程安排，及某张照片的拍摄思路，并且随时对前方记者作出拍摄指引，在《天路》特刊制作中对图片的筛选与使用又相当地精准恰当……

由此展开去说一下，南方都市报新闻报道奖从设置之初有别于其他新闻奖的有一点就是，其他新闻奖往往是某一报道（不管文或图）得奖，除了采写的记者得奖外，版面编辑也“自然而然”地成为得奖者，但本报的新闻报道奖，在总则里已规定了采写类作品一般只由采写记者得奖，只有经部门认定版面编辑在前期策划中期指导后期加工等等方面有“实质性”贡献的情况下才作为共同作者得奖，这主要是避免编辑得到“天上掉馅饼式”的奖赏，如果编辑仅仅是被动地接收某篇稿件，拾掇拾掇文字再起个标题什么的就能得奖，甚至是编辑对文稿的处理起到的是负数作用也依然得奖，那显然这个奖不会对编辑工作有任何的鼓励促进作用，对记者来说也是不公平的。而梁音对这组专题作品所做的编辑工夫，为这个“实质性贡献”作了极好的注脚回到前面的普通新闻报道奖，像提名甚至得奖的“广州引进开发商重返旧城改造”及“中国首富发迹东莞”的作者都署有版面编辑名字，也都是因为编辑在发现与突出新闻亮点、策划布置等工作中起到了不可或缺的作用。从第一届颁奖时对此就有采编提出过疑问，相信有了这届梁音的这个范例，采编尤其是编辑们能够理解吧。

绕了个大弯才来谈这个“不可开交”。首轮投票，方谦华的两组作品“大宝山污染”第二，“建设中的CBD”第三，有评委提出“康复村”在平实的影像背后有着深厚的力量及重要的历史价值，应该得奖；这一意见为多数评委接受，只能在二三名的作品中筛掉一组，最激烈的争论产生在这时，“大宝山”派认为这一组照画面冲击力强，有感染力，而CBD虽然得了全国金奖，但这一题材相对老旧；“CBD”派认为，这组作品是南都一直不变的对城市化进程中两极分化的持续关注，方谦华对此题材作了长时间的关注……评委中的“专业人士”王景春（图片部主任）的意见至关重要，他认为“大宝山”的技术上有不成熟之处，镜头使用等稍有刻意之感，拍摄过程也较为仓促。最后票选，“CBD”得银奖，“大宝山”只能得到提名奖。

三十公里 两个世界

特别版面编辑奖

这个针对编辑的奖项名为特别版面编辑奖，也确实比较特别，有那么一点“费解”吧。设立的时候就考虑到，它既要区别于常规的版面，也不等同于评选某一组集体制作的特别报道或者某一完整的特刊，而是希望奖励在这样的团组编辑中有更多个人创意个人贡献的编辑或编辑小组（在一个整体策划制作都非常棒的特刊或特别报道里，其实有时也还是会有一些“出工不出力／智”或者完全被动参与的编辑），还要鼓励在临时事件发生时作出准确判断合理调配出彩编辑的版面（这也就是奖项设置里所说的“非预策性”报道的意思，国际新闻版有不少特别报道专题报道都可归入此列）。

当然，由于南方都市报实际编辑工作及版面呈现可以说是五花八门，任何的框范都总有交叉模糊之处，这个奖的定位也是在评奖中慢慢得到相对清晰的指向的。所以这个奖的评选今年就比去年相对显得明晰了一些，当然，采编在申报作品的时候，有些作品似乎不太合适，这也有待来年改进吧。

进入提名的五个申报作品基本上能够代表这个“特别版面”的大部分的指向。“世界杯特快专递”是整个世界杯特刊里的一个特殊的制作，而“郭云小湘妹版”则是一组特别报道里的一个版面（范春柏原来是以三四个连续版同时申报，但评委只拎出最出色的那个单一版面进入提名），王卓江的两个楼市关系图版则是红宝书特刊红皮书特刊其中的两个个人创意版面，二审邱兴华系列评论则将对“编辑”工作的审视推衍到单纯的版面呈现之外，疯狂的石头评介版则是结合新闻与评论，编辑个人做的一个小型的策划报道。

评奖则激烈了，郭云版金奖、特快专递银奖倒是票选很明晰的结果，而其他三项居然旗鼓相当。楼市关系图版显示了编辑对题材的准确全面的把握以及细致入微的版面编排能力，不过考虑到这个题材的社会影响主要体现在整个红皮书红宝书特刊上，所以只好割爱；而“疯狂的石头”版，其实可以说是南方都市报娱乐报道评介眼光及影响力的经典体现，几乎可以说是凭一己之力，使一部无声无息就快下画的低成本小片“起死回生”名利双收！但最后评委觉得“二审邱兴华”系列评论中编辑在版面之外所体现的见识、组织稿件的逻辑推进条理、对南方都市报在此类重大政法命题上理念的坚守与申说都与当下社会进程有更为密切的关联，最后一轮投票表决，“疯狂的石头”非常可惜地与三甲失之交臂。

这里还想重点谈谈金奖的“郭云版”，题材本身的吸引力与整组特别报道的策划的意念固然已很抢眼，但这样的情况对于编辑个人与其说是优势不如说是劣势，因为编辑很可能面对这样的题材无所用心无所作为；但范春柏却能够在这个版里最恰当地引入了影视制作中的双线并进的思路来编排，并且通过版面中心的示意图将这一“戏剧冲突”爆发的高潮呈现出来，令读者见之难忘！可以说这是编辑技巧与内容题材本身的完美结合！

营销策划报道奖

这个奖项的设置，也是说明，南方都市报除了高举新闻理想专业主义大旗外，它同样有着企业的市场属性并且绝不排斥这种属性，从根本上我们也认为这样的一种属性与理想主义专业色彩传媒责任也并不相悖，反过来套一句俗话就是“既要讲心，又要讲金”。当然，这“金”咱们要取之有道，这个“道”，既是渠道（方法），也是道义（原则）。

入围提名奖的作品很好地体现了这个道。中山杂志的“铿锵三年行”开创了中山广告经营的多个第一，值得夸奖，但考虑到这一年度总结集纳式的制作对于整个南方都市报来说不

南方都市报 A06 重点

摔死小湘妹前，他遭遇了什么

记者回访还原事发经过，女孩父亲想和疑凶父母对话

郭云

小湘妹

郭云曾“性情温和”

算是很有创意，故未能入选。而“感动佛山”则以新闻人事策划来赢得经营佳绩，而使佛山记者站继前年“百年佛山”策划得奖后再次染指这一奖项，并且最后夺得银奖；当然，去年营销策划报道中最为人瞩目业绩也最显著的，还是广州专刊部黄金楼市团队围绕广州楼市及房地产政策所作的持续经年的各个特刊，去年广州广告房产部不仅逆市飘红，更成为整个广告业绩提升的最大功臣，黄金楼市的这一系列策划自然也是功莫大焉，夺得金奖实至名归。而铜奖则有过一番论争，广交会特刊固然“大阵仗”而且报社收获颇丰，但是评委们还是一致认为，从制作上广交会特刊还是较为粗浅，创意也未有见长之处；倒是同样来自深圳的“深圳先生”与“深商峰会”来了一番 PK。虽然“深圳先生”是第一届，但其脱胎于本报“深圳小姐”评选，此类比赛也非首创，而深商峰会则对树立本报在业界评价、主导地位大有好处，更具备奖项评审所要求的“持续经营力”（现实收益也不错），最终被评为铜奖。

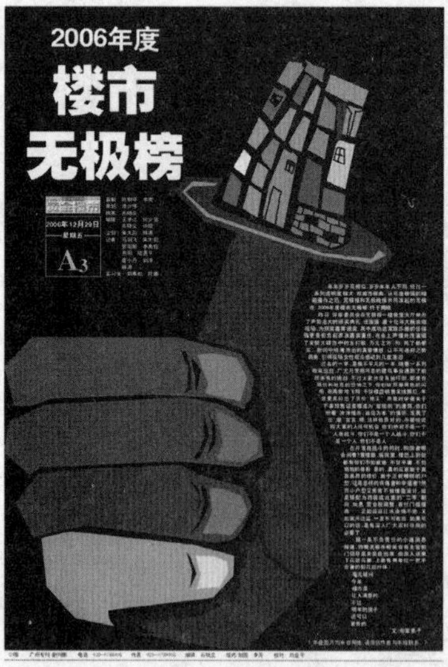

美术编辑奖

原来美术编辑奖只设有五个提名奖及金银铜奖各一名，但本届评委会考虑到，整个南方都市报新闻报道奖仅有这一项针对美编的奖项，而本报一年出品的版面达到七万个之多，所以最后一致通过从本届起，增加提名奖到 10 名，增加铜奖到 3 名。

对于评委们来说，要在众多设计出色的作品里挑出十个作品，真有花多眼乱的感觉，而且，我们还要求美术编辑的版式设计的工作得围绕南都某组版块、某一版面的内容要求来考虑，而并不是光看哪个版设计得最抢眼最新奇，否则像特刊或者各叠封面就更“吃香”，更担心的结果是会对美术编辑产生误导而可能出现“设计过度”形式大于内容甚至伤害内容的情况。在提名辞里我基本上是以各提名奖入选者的亮点来作技术分析，此处不赘述各版的长处。

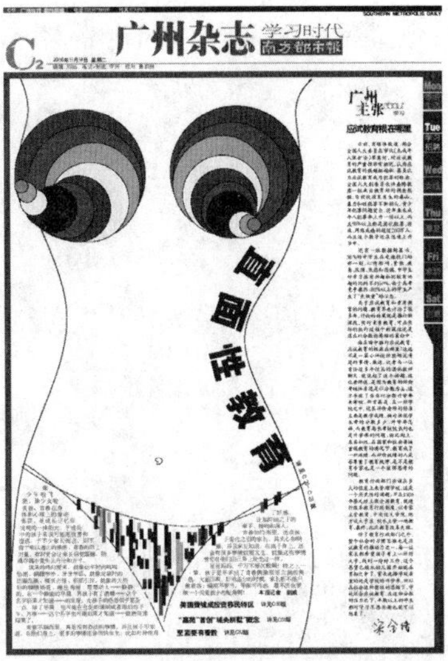
C2
广州杂志
学习时代
南方都市报
直面性教育

此外要透露一点的是，在此项评选中，从提名到评奖，美术总监墨白的意见占了较大的份量，毕竟他是专业人士。比如一开始惠州杂志的夜游骑士版按初选票数并未进入提名（**这显然是因为评委们不容易留意到**），墨白专门将此版提出并打动了评委。评奖中他也特别推崇李芳所设计的“直面性教育版”，认为此版设计感、现代感强，洋气，应给予大奖，而最后此版被评为银奖。

校对奖

这依然是按去年的标准来评选，硬指标摆在那儿。陆波洋蝉联金奖，令人钦佩！而颁奖辞则是面向全体校对同事的，代表报社代表全体采编向南都“最

后一道防线”有把关者表示谢意与敬意。

策划／系列报道奖

很重的一个奖。

因为南都除了“常规”与“普通”及“评论”三项外，在新闻报道上，策划/系列报道一直是南都内容制作上的重点及强项之一，是显示南都采编整体理念、眼光、水平的重要一环。而从两届评选来看，这也是强手林立、竞争最为激烈的一项。据我所知，有些部门在申报时为了避开“强敌”增加得奖可能性，将一些可以归入策划系列报道项目的作品转投其他奖项（这也是开篇提到的“大家更讲究申报技巧”的一种表现，但从侧面可以看到“策划系列”这一奖项之令人“敬畏“）。

今年申报作品比去年更多，也更强。尤为令人欣喜的是，今年从申报到最后提名获奖的篇什里，非纯新闻类的策划报道占有相当的份量，而且都显示了相当高的水准。这表明策划意识及精品意识都在南都的采编各部门里都得到了强调与植根。

“长征心愿之旅”，去年是“长征年”，大小媒体都在重走长征路，本报作为主流媒体总不能缺席呀，而深圳新闻的这个策划承担起了整个南都在这一宏大正面主题上应起的作用，同时有别于其他媒体的，是将助学支教

《十年》报道组获策划系列报道奖金奖。

附于单纯的长征体验式报道之上，给老区的孩子们带去一些实质性的帮助。但对于多数评委来说，可能对前年“寻访抗战老兵”策划的独特性及突破价值印象太深刻了，我们的长征策划，还不能够在芸芸的长征策划（比如崔永元的“我的长征”）中凸显出来，意念上更难有重大的突破，相比之下，同样来自深圳新闻的“有话问市长”则因其独特性、开放性及现代意义、社会价值得到评委更多的肯定；而像“横渡珠江”，我们对这样一个比较重大的时政题材能够保持一直的抢先实属难得，不过这个策划毕竟无法具备独家性，而且整体策划思路中也存在着对“游”与“不游”的摇摆的情况；值得提到的还有像珠三角超级宝贝大赛，这是个影响面甚广、读者参与度很强的活动，再像图片部的“中国制造”，显示了以影像作为主体透析宏大命题的野心与实力，其中多个图片专题令人印象深刻，只不过在编排上还稍欠火候；“南都质量调查”在去年打响了品牌，但作为一个整体申报其实有点问题，因为这并不是一个专栏评选，其中各个专题水平、影响力也多有参差，“捆绑”申报不太恰当；“天路”、“禅变”、“它世界后续”（包括搜虎）、“《大国崛起》系列评论”、“先锋城市论坛”等等都可说是本报去年度的策划上品。连这些作品最终都遗憾落选，连像《倾城——唐山大地震》、“广州旧闻”、“有话问市长”这样的策划都只能得到提名奖，实在可见南都在策划报道上的强势。

《十年》几乎是全票夺得金奖。提名辞只用了一个“……”，我想表达的意思既是它的入选不需要理由，也是“一言难尽”之意，但更有“尽在不言中”的感慨。但需要强调的是，评委们都很一致，即这个策划的得奖，绝不是因为沾了题材的光，而是这个策划立意的高远和制作的精良，尤其是“十年家国”一章，以深度采编为主力的团队拿出了最能代表南都采编水平的作品；“1976.广州口述史”夺得银奖，我自己是有点意外的，因为对它的所谓的“敏感”的担心让我产生了对其评价上的犹豫，而结果令我多少有点羞惭，为自己的多虑羞惭，但更加为南都感到骄傲，从这个专题策划之初就顶着的“风险”，到这么多期的艰苦采写与刊出，到最后评审时评委们对这一专题的高度评价，都可以感受到南都骨子里对“真相”两个字的不懈追索，不管这个“真相”是存在于新闻还是存在于历史，甚或是存在于“风险”中。而这种追索中的勇气与智慧，也正是我们常常说的南都的“风骨”。

铜奖中的两组作品值得合起来一说：“刘久荣系列报道”及“郭云任湘案”，其共同之处就在于都不是我们惯常说到的静态的有预知式的“策划”，而是在突发事件产生时采编所作出的追踪报道的路径选择，也就是一种临机的策划，其实是一种更准确意义上的新闻策划，这是评委们特别看重的地方。两组报道从内容上则正好是所谓的一“正面”一“负面”，但本质中都包含着南都一以贯之的对下层群体的关注及对生命价值的思索。刘久荣的报道，有了书记的批示，有了烈士的追封，我们固然会把这些也作为报道的社会影响力的表现加以评分，但正像提名辞里所说的，批示与追封本身并不应成为我们夸耀的资本，也不会是评奖的主要依据。而郭云任湘案的报道，我们的苦苦追问固然并没能给出一个确切的答案，但一系列抛向这个城市的问号及所带来的争议与思考，便已是惨剧在带给我们震惊与悲伤之外的价值所在。

评论奖

其他部门的同事在去年所撰写的评论文章，今年还是未能真正冲击、撼动评论部在这一奖项的“垄断”地位，但进入提名的泊明的“如何贩卖与消费明星”，相比于去年进入提名的非评论部的那篇娱乐评论，体现出来的眼界、水准都有相当的提升。这可能是提名环节值得拿出来一说的事。

评奖时，首轮投票，刘天昭的“继承鲁迅”位列第一，这让评委们都大感意外，多个评委都表示，这篇评论写得很好，应该得奖，但并不是心目中的金奖，因为毕竟只是因应鲁迅逝世 70 周年这个由头而作，不算是很切近时事的时评。对于“富士康系列评论”，评委们则认为还是有不够成熟之处，对广州禁摩系列评论，有评委认为与去年对洛溪桥收费问题的评论有“重复”（当然是指话题性质的近似），但也有评委则表示，恰恰是这种“重复”是南方都市报坚持自己精神价值的体现，就是要站在公众立场对公共政策发出声音（可以是分析，可以是赞同，可以是建言，可以是质疑与反对），而禁摩系列评论的这种与政府政策并不盲目应声附和但又理性思辨的态度，恰是当下社会媒体责任的重要显现。后一种意见被普遍接受，最终，禁摩评论得到金奖。而何雪峰的“改革的方向与动力”则因这组系列评论的巨大反响及这篇文章本身的“高、大、新”夺得银奖。

年度大奖

这是没有奖金，却是最有份量的奖项。

第一届的年度大奖，由“寻访抗战老兵”毫无争议地夺得；今年则经历了一番波折。评委会一开始有三种意见：一是《十年》特刊；二是空缺；三是彭水诗案。为此评委会展开了热烈的讨论。

对于《十年》，评委们认为，虽然在采编上体现了高远的境界与上佳的水准，但是，“十年”这样的一个策划，并不代表南都新闻报道的一个“常态”的东西，而且，整个特刊除了“十年家国”特别优秀之外，也还是有一些部分未尽人意，作为策划金奖是实至名归的，但作为年度大奖则有点勉强。

对“空缺”的提议，也还是有不少评委认可的。认为如果本着严格控制宁缺勿滥的要求，去年南都的各个奖项的金奖作品中，如果感觉选不出最能体现南都理念及报道水平、社会影响力的作品，是可以空缺的。

但是最后，评委们的意见还是取得了一致，那就是“彭水诗案”！

从评奖的策略上讲，评委们认为年度大奖有着很强的指向意义，在第二届就空缺，有可能会弱化其导向作用；另外第一届是寻访抗战老兵这一集体制作，第二届如果能够有个人的或是单篇作品获得此奖，可避免采编有年度大奖这样的奖项只会向“集体大制作”倾斜的误解。当然，以上只是一些很边缘的技术上的因素，并不是评定的主要依据。

我们最主要是基于以下这样的考虑：虽然彭水诗案在报道时的社会关注与反响还不算太大（甚至比不过高莺莺案），虽然表面上此案涉及的人事比较小（只是一个县、一条短信，也不像孙志刚案牵涉人命），虽然其暴露出来的问题似乎并不是死人塌房的那样“急切”，但是，这样的细小事件所牵动的关于公民言论自由、官员私用公权力（或是公权力在设置上就可能沦为了私用工具）等等社会重大命题，事关宪政理念、公民社会的确立与建设，对于南都这样的媒体来说，这当然就是最切时、最切实的要务之一！而从社会影响力来看，这其实是一条慢热的新闻，稿件初发时可能并不会马上成为公众热点，但是却有着持久渐旺的热度，直至今年的两会，此案还依然是焦点话题；再从舆论监督的效果看，在报道出来之后案子被定为错案，被迫害者秦中飞被释放并获得国家赔偿，当事官员隔了一段时间被免职，并被引为 2006 年度宪政发展的典型事件，这可以说是一次“大获全胜”（就事论事而言）的舆论监督！

2006 年度南方都市报新闻报道奖年度大奖颁给“彭水诗案”获得了评委的认同，相信也能够得到绝大多数采编的认同的。

南都新闻报道奖颁奖典礼在星海音乐厅举行，龙志的《重庆彭水诗案》获年度新闻奖。

为什么要设立南都新闻报道奖？

——与庄慎之对话

□张 超

与庄慎之对话

问：为什么要设立南都新闻报道奖？或者说，这个奖的意义何在？

答：南方都市报每年生产约 1 个亿的文字阅读量，生产 15 万张的图片，还会生产约 6 万个版面……但南都又不是流水生产线，我们的采编都不是可以用机械臂代替的装配工；南都是在生产思想，在生产艺术，在生产影响力，在生产历史……于是，我们需要评价，与被评价！如果说每天的评级是最日常而又最根本的对采编工作的综合的评价，那么，现在，我们所开始的南方都市报年度新闻报道奖评选，则是对采编产品、作品的评价；设立南方都市报年度新闻报道奖，不是进行部门业绩考评，不是对采编个人的能力审定，是对南方都市报文字、图片、版面以及它们所代表着的思想、艺术与影响力的一年一度的回味与巡礼。我们怀有这样的一个梦想，将南方都市报的新闻报道奖办成南都自己的普利策、奥斯卡。

问：评选程序是怎样的？我们看到这个奖有公示投票的过程，那么“民意”（票选）在评选当中占多大的比重？

答：最基本的程序设置是这样的：

南方都市报社务管理委员会授权南方都市报编辑

委员会作为南方都市报年度新闻报道奖的发起、终评机构，拥有该奖项的决策权、解释权。

南方都市报的采编业务工作部门是南方都市报新闻报道奖的申报部门，南方都市报的每个采编工作人员（包括南方都市报编委会成员）是南方都市报新闻奖的申报人。南方都市报年度新闻报道奖申报可由部门统筹提交，也可由个人独立提交。

每年12月下旬，由南方都市报编辑委员会为首组成南方都市报年度新闻报道奖评审委员会，全权负责该年度奖项评审工作；评委会成立之日起即为当年度奖项评选正式开始之日，申报工作即日起开始；一般情况下，申报时间为十至十五日，截止日后的申报无效。

评审委员会须在截止日后一周之内完成初评工作，在报社内公布提名名单，每一奖项原则上提名不超过5名（因考虑到普通新闻报道奖、常规版面编辑奖、重要策划/系列报道奖是代表南都最大分量及最具代表性的工作，故这三个奖项的提名奖会有增加。另注：自2006年度开始现场新闻摄影奖、美术编辑奖提名数也有所增加）；获得南方都市报年度新闻报道奖提名亦将作为工作业绩与业务荣誉；员工可在公布后三天之内对提名名单向评审委员会提出书面意见、建议、质疑。

评审委员会在公布提名后一周内召开终评会议，评委通过填写各奖项评审表及讨论、评分、计票等程序，对提名作出最终奖项评审并撰写评奖评语。

评审委员会并南方都市报行政委负责召开南方都市报年度新闻报道奖颁奖大会，公布获奖名单并颁奖。

问：各个奖项的评选标准是什么？跟全国记协每年评选的“好新闻”奖有何不同？

答：它不同于国内机构或其他媒体的新闻评奖，保持独立的评价标准，那就是以是否符合南方都市报采编理念与要求作为最根本的评判标准，评判体系也异于传统新闻奖评选中消息、通讯之类的划分。

同时，它是南方都市报的内部评奖，只有南都采编才能参评，这种“内部”，更体现在它的独立性与自成体系，它不以传统、别人所建立的固有的评判标准为尺度，更不会以外间部门、官员的好恶褒贬为依归。而评委会也由编委会为主体构成，因为我们认为，编委会对南方都市报采编理念有着最全面最直接的理解，因而对采编业务具有足够权威的评判力。

问：奖项的设置几乎覆盖了采编各个门类，在设计奖项的时候有些什么考虑？为什么会专门设置像“营销策划报道奖”、“特写摄影奖”这样的奖项？娱乐、体育、文化、时尚、经济等采编部门在获奖者占的比例极少，跟奖项的设置有无关系？

答：名为“新闻报道奖”而不是传统的“新闻奖”，作为一张综合类日报，设奖最重要的原则就是体现新闻为主而又不止于新闻（这里是大新闻的概念而不仅指时事新闻），涉及面更广泛的“报道”也纳入评奖（比如生活服务报道奖、特写摄影奖、营销策划报道奖等，像人物报道奖也专门注明不仅止于对新闻人物）；设奖的另一个主导思想就是以报道方式设奖，而不是因区域、部门或因人设奖，因为我们的评奖对象完全是针对作品。像营销策划报道奖的设置，是考虑到南方都市报每年采编都会为经营做大量的“配合”，虽然直接目的就是为了吸引广告或帮助发行，但其中绝大多数都贯注了采编的创造力与精心构思，而与一般的“有偿报道”完全不能相提并论，这些策划已能够代表南方都市报的一种报道类型及采编的极高水平，所以设置这个奖项；图片类奖项设置了三个，并不是要关照图片部，这除了是参照普利策对图片奖的设置外，还是考虑图片报道是现代报纸尤其是南都极为重要和看重的报道方式，特写摄影奖其实是面向一个很大的非新闻性的摄影报道门类所设，而这一门类，在图片占据极大分量的南都专刊、特刊领域所占位置极重，设立这个奖显然是有必要的。

从设奖看，新闻（大新闻）得奖可能性及所占比例当然是最大的，这是上面提到作为综合类日报以新闻为主的必然体现，至于说从部门的角度来算得奖比例，首先有方向性的问题，一直强调这是个作品奖，而不是因区域、部门或个人设奖；另外，如果从报道内容上看，经济、时尚、文化等在提名奖与金银铜奖中都有涉及，又比如深度调查报道奖、常规版面编辑奖都有经济部的作品得奖，一概而论比例极小也未免偏颇；而比例不是像一些同事希望的“皆大欢喜式的均衡”我想有两方面因素，一是虽然是从大新闻角度评审，但以南都报纸本身的比重出发，时事新闻还是必然占较大比例；而第二个方面，则可能是因为大家对奖项设置的不够了解因而申报不积极造成的。许多奖项其实并不只面向时事新闻，但很多员工出于对传统新闻奖的理解而没有申报。

问：南都新闻报道奖今后会每年搞下去吗？

答：当然！

（作者单位：南方都市报图书工作室，此文是作者在首届即2005年度南都新闻报道奖设立时与庄慎之的对话）

比荣誉更重要的就是被理解

——2006 年度南都新闻报道奖获奖感言选登

获奖感言选登

A02 社论

十大智库均为官方背景
民间识见缺乏参政渠道

禁摩禁电：请为无力者心怀愧疚

对我来说，南都新闻奖比普利策奖更有意义（仿佛我都已经得到了似的）。因为比荣誉更重要的就是被理解。我知道受难感是一种非常变态的自以为是，但是我真的觉得，全世界只有南都新闻奖，才能理解我们工作中的艰难，才看得到那些文章里的坚持、难度和价值，才会同情我这变态的自以为是。所以，谢谢。

——刘天昭，与龙科一起获评论奖金奖

拿到这个奖实在太意外了，我没有想到各位评审会作出这么不“安全”的选择。

要感谢很多人。

首先是钭江明。谢谢你毫不犹豫地同意《金刚》版的创意。

谢谢体育版编辑蔡笑雨，把自己的版面让给我做了一个真联版。

谢谢当天的签片老总任天阳，我拿着版样走进办公室前一直在想要怎样为这个版辩护，没想领导眉头都没皱一下就签了片。

谢谢庄慎之写了这么精彩的提名辞，也谢谢所有投票给这个版面的评审和同事，尤其要感谢娱乐部的所有同事，我知道自己着急的时候脾气不是很好，谢谢你们一直以来对我的包容和支持。

大写《金刚》

看完之后想到街上去拦住别人，跟他说，别走了，先去看《金刚》吧。

如果《无极》的票价是70块，《金刚》票价应该700块。

看电影的人都很开心，搞电影和评电影的人都很绝望

我一定要拉着我的女友来看这部电影，并在最后吻她。

如果有一部电影不能BT下载在家看，那就是《金刚》——因为你是在亲手毁掉自己的幸福。

影评人留言

《金刚》要看100遍

Kong Is King

我看完出来的时候外面正飘着小雨，我没伞就戴了顶帽子走在人行道上，我前面走着四个穿羽绒服的男青年，有说有笑，我一时真的觉得，你们笑什么呢？你们连《金刚》都没看过，人生还有什么可笑的。我帮他们悲哀了好几秒钟，默默地走开了。

我想，不管是做娱乐新闻还是做社会新闻，我们都是在为自己和这个世界，呼唤一种更值得去过的生活。在南都越来越成熟的时候，也但愿所有的南都人都可以依然保持一颗赤子之心，希望我们永远不要停止发现和分享，永远不要停止表达和创造，永远不要停止改变和进步。

——虞晓毅，获常规版面编辑金奖及特别版面编辑奖提名

我们无法左右天灾人祸的发生，但是作为一个摄影记者，我希望在新闻事件发生时，我在现场！

——范舟波，获现场新闻摄影奖金奖和铜奖

很高兴，我能够同时获得南方都市报现场新闻摄影的银奖和铜奖——这是我们自己的新闻奖，对我来说很重要。其实我很感谢突发新闻的同事们对我的支持和理解，我们是真正意义上的同战壕战友。而奖项的颁发却将两个新闻年度清晰的地分开了。为此，

我必须为正在的2007年做点什么，当然，不只是为获得一个奖。新闻竞争太激烈了，我们作为一家业界瞩目的报纸，在已经到来的2007年应该有哪些突破，我觉得是很重要的，比任何一个新闻奖项的轰轰烈烈都重要。

我们在经营一份报纸，我们在创造奇迹，报纸有了，需要奇迹的诞生。看看近来同行的市场扩张和纸媒传播模式的更新，我作为南都人更希望我们的经营者们带着我们走进一个新的时代，以最新的传播手段迎接挑战。也许在奖项颁布之后，作为获奖者的个人和奖项的颁发者——报社本身，都应该尽快冷静下来，更多的，是明天：我们拿什么成就自己。

——刘可，获现场新闻摄影银奖和铜奖

摄影六七年了，最初的兴奋消逝在城市一个个角落和人们那些匆匆的表情里，又从数亿万计的照片里，回到我的身体，凝结大脑皮层里几道新的褶皱。不同的城市，不同的人脸，不同的生命旅程，伴随时间的阵痛。穿越着我的瞳孔。可能自己有点悲观，多希望历经这一切的我还能保留一双孩子般的眼睛。

——周云哲，获特写摄影奖金奖和铜奖

作为一个半路出家的新闻人，从业之初，我就把来南都做为一个目标，也终于在两年前如愿进入南方都市报。

在我心目中，南都是一个新闻的圣堂。在这里，我们可以尽最大能力、有最大空间去做真正的新闻，去实践自己曾经的新闻理想。

而这，在这次《南方医科大博导遭撞车党劫杀》的报道中，得到了最为淋漓尽致的体现。这篇稿件如果在内地，如果在其它媒体，相信活路都没有。只有南都，能抓住那稍纵即逝的机会，让他得以重见天日，起死回生。

……

撞车党辣手逼财 残杀南方医大博导

"我们惋惜！同情！痛恨！

送朋友龙眼 归途中遇劫

跨区信息服务

助你运筹帷幄千里

当然，如同那天在颁奖现场我所说的那样，我们还应该铭记并感谢那些信任南方都市报的神秘线人。没有他们，就没有这篇报道。

而作为我个人来说，还要特别感谢王钧老师、夏逸陶老师，当初正是她们接纳了我，让我成为南方都市报大家庭的一员，让我有机会去创造和分享属于南方都市报人的荣光！

——林劲松，与周炯、徐艳、严艳合作获普通新闻奖金奖

郭云之死是去年我所经历过的最无法释怀的突发事件。疑问至今挥之不去，但可以借用颁奖辞里的一句话——爆料的串联未必属实，涉及的现象却是真实。

这组报道获得策划系列铜奖，依靠的是团队的力量。从去年开始，部门对于重大突发事件更加强调团队合作。

报社及部门领导指出了报道方向。这样一件骇人听闻的事件，到底应该朝哪个方向

追踪，非常考验人。我们选择了调查还原郭云的之前几小时。这是最难的方向，但也是最有价值的方向。

感谢评论部同仁的支持。在有人不理解我们的追踪方向时，在有网友质疑我们是在猎奇时，评论部几次发表社论、评论来阐释南都的新闻理念。

我们区域新闻部同事们的共同努力。参加这个报道的人很多，陈实、王海军、单小亮、方舒阳、徐艳、陈淑仪、吴广宇、吴燕虹、李伟忠。大家一起掘地三尺，尽最大能力追查了事件原因。

——周文峰，获策划系列报道奖铜奖

坚守独立的新闻立场，拿出无懈可击的新闻产品，这才是我们追求的新闻标准，也是多年来无愧于心的信心所在。资讯重要，知识更重要，让读者知其然，还能知其所以然，才能同时赢得读者的认可和客户的尊重。

——王卓江代表广州专刊部黄金楼市全体采编，获营销策划报道金奖

我们5人小组以“1976·广州口述史”获得了策划类新闻报道银奖。有点意外有些惊喜。

许黎娜、王海军领奖那一刻，我坐在台下心情异常激动，想来没有到场的王瑾与方夷敏也会有同样感受。我知道，没有这几位出色的记者就不会有 34 期 20 多万字、字字原创的“1976 · 广州口述史”，我们相互鼓励着摸索着一路坚持了 8 个月，多少煎熬多少磨砺也许只有自己明白，但这一刻，我们听到了掌声！

——刘丽君代表 5 人小组，获策划系列报道奖银奖

比起各路高手，我还“嫩”着呢。

同事们让我也写写，我觉得怪不好意思的，咱只是一个提名奖。不过话说回来，能拿这个奖，我其实感到挺荣幸的。在很多很多年以前，南都就是我心中的王子，为此，我走了很长很长的路，终于在去年的记者节成为报社一员。

我主要是写讣闻的，目前依然有很多人不理解这个工作，这其中也许还包括我们的同事。但是我想说，我很喜欢这个工作，别人的生命让我看到了七彩的世界。

在一些采访中，有些老同志开玩笑要我以后帮他写讣闻。我想这不是梦。也有不少读者告诉我，他们喜欢看讣闻。我相信，不久的将来，国人一定会觉悟：殡仪馆不是生命的终点，讣闻才是生命的句号。

——邱永芬，获人物报道提名奖

我是深圳新闻部杜雅文。由众多深圳同事参与的深商峰会获得了本次营销策划报道奖铜奖。

当日，我第一次在众目睽睽之下，曝光于星海音乐厅舞台之上。心猿意马之际，想到的只是和同台主持的老乡温元元交换了一下眼神。惊魂稍定后，面对台下那一道道烫手的目光，我感悟出一个道理：写稿果然占便宜。

当日，我之所以能站到舞台上堂而皇之地将那5000元奖金牌现于光天化日之下，是因为我负责文字方面统筹，名字天天能见诸报端。实际上，深商峰会的参与者包括了众多的深圳同事……

当年，南方都市报深圳新闻部人不分老幼男女，地无分你我他，最终才进取了深圳，这种团结奋斗的精神已成为深圳新闻部众多优良传统之一。这次深商峰会在深圳经济界取得的成就，深刻体现出此种精神已不仅仅存在于深圳新闻部，而是存在于深圳的南都众部。此次给予深商峰会铜奖，对于其业务成就的肯定评语中已相当明确，在此不赘述。个人窃以为，这也是总部对这一优良传统继续发扬光大的肯定，也是对深圳众部团结一心保持旺盛战斗力的肯定，也是对深圳如何利用新闻带动广告，积极争夺主流话语权突破封锁所作尝试的肯定。

——杜雅文，与同事一起集体获营销策划报道奖铜奖

首先多谢陈朝华、王来雨两位领导，

係你哋放心将嗰样一块“试验田”交畀我呢个“潮州佬”嚟耕作，再次畀咗我一个挑战自我嘅机会；多谢庄慎之，你嘅鼓励令到我充满自信同埋力量，仲有，你教识咗我“旨意”（指望）同埋“啷下就”（动不动就）呢两个白话单词，以后仲要多多请教；多谢两位“珊珊”同事（何颖珊、符映珊），你哋係真正嘅“开版功臣”，係你哋嘅稿件支持，令到我够胆行出创版嘅第一步；多谢CCTV、MTV（哦，好似唔关佢哋事，讲顺口咗，唔好意思：）

同时，我仲要好多谢香港歌坛，你哋係我嘅粤语启蒙老师；多谢亚视同埋无线，你哋培养咗我嘅粤语听力；多谢《周末》画报嘅《乐叔与虾仔》，令到我对独特嘅粤语文字有咗初始嘅认识……

最后，请允许我用一句话嚟总括我嘅获奖感言：“同志们，快感係学习的原动力啊！”

——余少镭，“白话广州”获常规版面编辑奖铜奖

有时候就这么奇怪。

削尖脑袋想得的荣誉得不到，感觉不是很费劲的任务却能得到认同。

我参与的《内地孕妇大规模赴香港生子系列报道》的报道，从我个人的角度讲，我就是这个感受。我希望领导不要因为这句话，

收回我的铜奖，因为那极有可能我个人觉得不费功夫，其实，主要是付可、梁永健、杨敏在付出，当然还有陈文定的精心策划和指导，我是沾了他们的荣誉。

不过事后，在跟报社的领导再聊起这个题材时，让我很有启发，一个事件被报道出来，社会掀起波澜，促成一个政府的举动，这难道不是做新闻的一个很好的公式吗？有时候，身在其中，难以感受到这件事情的意义。

所以，感谢报社的这个评价，让我们这些没学过新闻的人，从一些个案中，可以领悟到新闻的价值和规律，这多么重要。

谢谢各位评委！

当然，也要感谢香港政府，那么快地采取行动。希望跟他们继续合作愉快！

——樊卿，获生活服务报道奖铜奖

能获得南都新闻奖，我确实很激动。但说来惭愧，其实这个新闻，我仅是一个参与者，真正的新闻人却一直隐藏在背后。这个新闻因为掺和了诸多政治因素，远比一般新闻事件复杂。当晚我和徐文阁采访完后，街道城管和市城管领导其实已经达成妥协，表示这是一场误会，互相不追究也不找媒体报道。文阁当晚便展开他的游说功夫，最终说动了同车一位市城管领导，使得采访顺利进行。在路上和编辑王涛的沟通也很顺畅。

所以，我觉得一个有价值的新闻能报道出来，真的是很多人在努力做一件事的结果，很多人在背后默默地做了很多工作。所以，荣誉其实最应该属于南方都市报。

——梁永建，获普通新闻报道奖铜奖。

专题图片摄影：方谦华

资料提供：张斌

2006年度 南都新闻报道奖名单及获奖理由

校对奖金奖

陆波洋

获奖理由：紧迫的时间里你们保持沉静的耐心，海量的文字中你们找出细小的差错。采编之后，付梓以前，你们纠正差错，弥补疏忽，严守最后一关。你们以专业的挑剔保证报纸的品质，用敬业的洁癖让报纸逼近完美。南方都市报感谢你们的工作。

校对奖：张红慧、李尚开

美术编辑奖金奖

作者：关健明

作品：《天路》特刊

见报日期：2006年6月25日A特

获奖理由：车窗式图框的构思暗合主题，以藏文笔画设计的字体独具风味。黑白的高原远山苍莽荒凉，铁路金色一线，火车鲜红一点。版面风情浓郁，主题强烈，大气、完整，不见雕琢，浑然天成。

银奖：李芳 《广州杂志·学习时代·封面之直面性教育》

铜奖：陈婷 《佛山新闻封面之省运开幕式揭秘》

李蓓《天天财富·深度之拷问德勤》

郑莹《惠州杂志·民间之夜游骑士》

营销策划报道奖金奖

作者：广州专刊副刊部黄金楼市全体

作品：六韬兵法、红宝书、红皮书、新理性购房四十二章经

见报日期：2006年5月19日A3叠《红皮书》等。

获奖理由：以全面的把握和透彻的理解，清醒地俯瞰错综复杂的楼市关系图，保持不偏不倚的清醒，同时赢得了业内声誉、读者信任、营销效果。

银奖：佛山记者站全体 《感动佛山》

铜奖：苟骅、杜雅文、左志红等 《深商峰会》

生活服务报道奖金奖

作者：池少伟、马羽飞、肖阳、邹阳军

作品：《广州房价、房地产宏观调控系列报道》

见报日期：2006年3月22日－12月14日

获奖理由：房价是2006年的全年热点，置业是百姓生活的终身命题。在重大楼价节点时刻，即时给出了客观的报道，透彻的分析和体贴的指导。以读者之焦虑心情，代读者做深入的研究，堪称服务典范。

银奖：梁春雪、黄丽、黄静琳、周吟等 《〈中华美食寻根之旅〉系列报道》

铜奖：付可、梁永健、樊卿、杨敏等 《内地孕妇大规模赴香港生子系列报道》

深度调查报道奖金奖

作者：龙志

作品：《重庆彭水诗案》

见报日期：2006年10月19日A17-18版

获奖理由："彭水诗案"的报道赢得了最完满的结局：舆论监督取得胜利。作为首发报道，难得采访细致全面，叙事平静从容，将巨大的荒谬书写在自然无声的日常生活里。

银奖：喻尘、王吉陆、卢斌 《"上海器官移植人体试验疑云"系列调查》

铜奖：钟跃东、马宁 《富豪遭绑铁桶水泥封身沉尸水库》

特写摄影奖金奖

作者：周云哲

作品：《先锋·城市论坛》

见报日期：2006年12月26日C17-C40版；2006年12月27日D1-D24版

获奖理由：打一道顶光从天外照耀，因为先锋的头脑具有光的属性，先锋的面孔带有光的表情。布一道背景在身后喧嚣，先锋在噪音中歌唱，在尘世里思考，在混沌中清醒，在温暖里孤独。影像先锋。

银奖：黄集昊 《佛山杂志·型人帮之情迷杀手》

铜奖：胡可，周云哲 《南方小姐选美·性感往南》

现场新闻摄影奖金奖

作者：范舟波

作品：《广州东圃化学品大泄漏》

见报日期：2006年8月18日A01、A06、A14-15版

获奖理由：深入危险的新闻现场，捕捉到紧张的人物，紧急的行动，气氛慌乱的场景，富于表现力的细节。图片内容丰满，可读性强，成为报道的主体。

银奖：刘可　《您拨打的电话已关机……》

铜奖：刘可　《只能杀自己》

范舟波　《警方拔枪逼停疯狂铲车》

陈辉　《盗割电缆，电击身亡》

专题摄影奖金奖

作者：吴峻松、梁音

作品：《青藏铁路》

见报日期：2006年6月25日B1—B24版

获奖理由：不只是荒莽的高原，不只是神秘的宗教，不只是魔幻的风情。人物建筑，生产生活，在荒莽神秘的魔幻中，火热世俗的现实长驱直入。这道入侵的路轨，这条希望与毁灭的钢铁之路。

银奖：方谦华　《建设中的CBD》

铜奖：孙涛　《倾城特刊·康复村》

普通新闻报道奖金奖

作者：林劲松、周炯、徐艳、严艳

作品：《南方医科大学博导被撞车党劫杀》

见报日期：2006年10月13日A06版

获奖理由：在案件突发的第一时间，记者即以冷静周全的专业态度，突破封锁，说服受访者不再沉默。细节采集扎实准确，事件还原清晰全面。严谨深入的采写传统再创强劲有力的独家。不犯规、无瑕疵。

银奖：李卫国、刘定国、雷石鹏等《中国首富发迹东莞及其后续报道》

铜奖：朱丰俊　《孟浩事件及后续报道》

谢艳霞《广发行重组大幕将落》

梁永建　《深圳市城管队员遭街道办城管当街扒裤》

人物报道奖金奖

作者：王雷、姜英爽

作品：《两个家庭的申冤路》《我不后悔认识黄静》

见报日期 2006年7月11日A04-A07版

获奖理由：持续关注，贴近介入。记者赢得了采访的优势，积累了理解的深度，发展了认识的高度。不动声色的白描，逼问内心的访问，在复杂的伦理面前不作结论，对被告知的“真相”保持怀疑。感同身受之后冷静超越，理性深情。

银奖：陈良军 《朱凤梅的邓哲玉式死亡》

铜奖：丰雷、刘晓燕、高爽等 《深圳追思警魂系列讣闻》

常规版面编辑奖金奖

作者：虞晓毅

作品：《〈金刚〉评介版》

见报日期：2006年1月14日B08-09版

获奖理由：这个版面不常规，没有示范性。但是这个版面上爆发的激情，亢奋的想象，勇敢的创造，却令人鼓舞振奋，值得鼓励弘扬。如果激情可以复制，版面何必常规。

银奖：徐诗 《2006年11月04日A03速览》

铜奖：余少镭 《白话广州版》

王玉坤（泊明） 《南都大牌档：查小欣专访谢霆锋张柏芝》

陈军、梁音、李召、徐诗、唐华 《广州钛白粉厂有毒化学品大泄漏》

特别版面编辑奖金奖

作者：范春柏

作品：《重点·郭云案之“摔死小湘妹前他遭遇了什么”》

见报日期：2006年9月6日A06版、2006年9月12日A10版

获奖理由：双线并行，两人无缘无故，无恩无仇。双线交汇，惨剧爆发，不可理喻。版面的形式暗合事故的逻辑，版面的焦点恰是事故的高潮。创意大胆而恰当，在常规夜班中创造出特别版面。

银奖：钟宇辉、毛小昀、柳骏等 《世界杯特快专递》

铜奖：何雪峰、李海华、林涛 《“二审邱兴华”系列评论》

策划系列报道奖金奖

作者：龚慰、陆晖、贾云勇、喻尘等

作品：《十年》

见报日期：2006年12月30日A特叠

获奖理由：超越自恋，南都跳过自己看到家国。心系天下，南都在每一寸家国中找到自己。深度采

写的极致创作，深情壮志的颠峰表达。十年，梦想依旧新鲜；巨献，情怀仍然辽阔。

银奖：许黎娜 王海军 王瑾 方夷敏等 《1976.广州口述史》

铜奖：王来雨、李怀宇、田志凌等《大家访谈——文化老人系列》

南都东莞记者站全体 刘久荣系列报道以及《丰碑》特刊

周文峰、单小亮、陈实、方舒阳、王海军、徐艳、方常君

作品：《男子夺女童扔下天桥》及系列追踪报道

评论奖金奖

作者：刘天昭、龙科

作品：《广州禁摩系列评论》

见报日期：2006年10月25日A02版等

获奖理由：自觉代言弱势群体，深入检讨公共政策，通过不断的申说理辩，揭示出禁摩之举扶强欺弱的本质，阐释出公民精神与市民意识的区别，敦促政府以后续政策抒解民困。系列评论立场鲜明，行文流畅，凝聚民意，引导舆论，令南都在该事件中成为最具代表性的言论力量。

银奖：何雪峰 《民众的要求就是改革的方向与动力》

铜奖：刘天昭 《继承鲁迅：因为热爱而绝不放弃》

年度新闻报道大奖

作者：龙志

作品：《重庆彭水诗案》

见报日期：2006年10月19日A17-18版

获奖理由：这是《南方都市报》长期关注、力求切入的命题。报道引起公众震动，带来案件转折，是舆论监督彻底胜利的经典案例。再次成为引爆舆论的首发媒体，《南方都市报》正在延续自己的光荣。

杂交、两栖、混血

——南都副总编辑、奥一网总经理任天阳访谈

□曹思诚

南都副总编辑、奥一网总经理任天阳

观点摘要

□尽管传统媒体向新媒体倾斜是大势所趋，但仍有一大块空间没有挖掘，这块市场对新旧媒体来说都是机会。

□报网互动最核心的东西，我认为要考虑的是，新媒体做了报纸不能做的事。

□报网互动，最终实现的是整个产业链的互动和对接，即杂交、两栖、混血。而不仅仅是单纯某篇文章、报道。双方渠道、媒体、终端的融合，完全可以实现最大化，同时也反证了网站取代不了报纸。

□传统媒体的产品相当于沃尔玛超市的“烧鸡”，要摆上互联网的“货架”上才能实现价值。

3月，南方的多雨季节，新生命就在人们意想不到的角落悄然滋长。接受采访的间隙，任天阳不时接电话、看版，催促有关编辑签片，案头的报纸却久久翻至特定的一页。据说这是最令他欣慰的，奥一网友提出盲道设置不规范等诸多问题，经前方记者传至北京的会堂，民意在《南方日报》等媒体上多次且大篇幅地呈现，类似的报道正摆在面前。

“这是奥一网首次派人到北京，更重要的是，报网互动的理念提升到了全国两会，其力度、规模和水准都上升到一个新的层面”，任天阳说。目前，南方报业对奥一网充满期待，希望它成为网络中的都市报，集团新媒体的试验田。此前，奥一网在业界倡导并率先探索、实施的报网互动理念成为2006年传媒主题，但此前，只有1岁的奥一网，曾经历了战略收缩等诸多严峻考验，在外界观望中一步步走到今天。

报网互动是个新概念

记者（以下简称“记”）：继2005年报业“寒冬论”后，“报网互动”成为贯穿2006年的一个新名词，甚至去年被以此冠名，有近百家报业都推出了自己的数字报纸、移动数字报纸。你和你的团队的这种想法，是否受到舆论大环境的影响？

任天阳（以下简称“任”）：互联网企业不管什么类型，有原创性和不可替代性才有核心竞争力。奥一网是报网互动最早的倡导者，当初提出的“杂交、两栖、混血”，即报纸和网络杂交，线上线下两栖，印刷媒体和互联网媒体混血，也就是基于报网互动提出的说法。在2006年前，报网互动的概念是没有的，奥一网1月11号首次提出，之前已做了一些尝试。但当时国内的网站，无论是商业网站，如新浪、腾讯、网易，或报纸自己办的网站，如大洋网，深圳新闻网，包括国内的新华社、人民日报等都没有做到这块。

中国互联网存在的很大一个问题就是跟风，从最初诞生到今天，业界目前对报网互动的探讨和关注，给奥一、南都两个很大的启示，首先，我们网站的基本定位、判断方向是没错的；其次，我们的确有更大的空间在这个领域继续探索。

报网互动在互联网中确实是个新概念，但不应该这么迟才出现。互联网的本质是互动才能产生价值。所谓的Web2.0和1.0的区别也在于此，Web1.0是没有互动或很少互动，完全靠编辑灌输资讯生产流量，2.0的流量产生则取决于网民自主的互动。报网互动是新闻网站，尤其是传统媒体所办的互联网基本应做的。

记：但有没有这样一种可能，经历了报业“寒冬论”后，所谓报网互动也只是种迁就？因为在传统报业难以找到一个新的兴奋点？

任：我认为，中国媒体的转型和发展并不是循序渐进式进行，在美国、日本和欧洲，纽约时报、泰晤士报、朝日新闻、读卖新闻都已是百年大报，他们的报纸、刊物、印刷媒体，经过了上百年的发展，品牌、商业化程度等各方面已非常成熟，整个媒体的消费水平已经达到了顶点，除非有新的人口才增加新的读者，这些国家是在此基础上跨入了新媒体时代。但中国的情况特殊，很多产业都是跨越式发展，省略了一些过程，其中就包括媒体。目前，中国的印刷媒体看似很多，但按13、14亿人口来算，实际消费日报的人数不足4亿人，还主要集中在大城市。

最近5年以来，中国一步迈入了新媒体，我觉得是一个很重要的特征，在印刷媒体发育不是很充分的情况下，传统媒体的结构不够健全，尤其是期刊、财经媒体和商务类媒体。尽管传统媒体向新媒体倾斜是大势所趋，但仍有一大块空间没有挖掘，这块市场对新旧媒体来说都是机会。

要考虑报纸做不了的事

记：也有业内人士指出，现在整个国内的报网互动尚未成形，所谓的互动比较孤立，我们经常看到的只是一个偶发事件，或者一次报网联合的策划，感觉是在“社会主义初级阶段”？这样说会不会太苛刻？

任：不会，说法蛮精确，国内目前所说所做的报网互动，总体层次还比较浅，确实是初级阶段，很概念化。我认为，所谓报网互动，不是停留在简单、强加的两种媒体的初级叠加，而应有深层含义。

报网互动，我理解首先，从新媒体角度是传统产业和新媒体的融合，互联网的模式很多，大家也在探讨，对于报纸，应该办什么样的网站，盈利模式是怎么样的，众说纷纭，大家意见分歧很大，之所以这么大，应该是三方面的原因。一是大家对互联网、新媒体和它的赢利模式不了解；二是互联网本身还处在一个探索阶段，不是很成熟；第三，报纸和媒体办互联网，缺乏人才，缺乏经验。

记：目前你设想中的报网互动是怎样的？

任：奥一网报网互动的产品体系已经有具体设计，将形成奥一南都报网互动系列产品。现在已有五方面的内容。首先是新闻生产的互动，基本理念是互联网可以作为传统媒体生产的上游。新闻产品生产必须先有新闻线索，再通过不同媒介发布传播，传统的第一代互联网只有转载功能，但奥一网一开始就要从下游居上游，通过现有的报料、牛客、论坛，汇粹新闻生产的原料。去年一年的探索中，我们的报料一天七八十条，去年 12 月 26 日中国南海地震，半小时内已接到 100 多条线索。很多网站原先也有这方面的形态，但我们把它剥离出来了，成为一个独立的频道。

第二是读者和读者、读者和网民的互动，现在建立的南都会功能还比较简单，只是把读者对报纸看法、评价体现出来，这在以往主要

依赖信笺和电话，没有网络及时。这块互动未来潜力巨大，也会是潜在客户资源的互动，可实现数字发行、营销。都市报现在有车迷会、影迷会，由报纸延伸出来的类似组织，完全可以通过网络平台，基于报纸产品互通，搭建起一个读者社区，甚至和网络产品打通，实现终端客户互动。

第三个也准备在做，是广告的互动。比如说，一个客户的广告能在南都和奥一同时刊登，可以设计一个套餐，假如出 10 万元登报纸一个整版，出 11 万在奥一把广告加上去，这 1 万其实只是增值的部分，整个过程报、网、客户三方获利。但广告互动牵涉到不同利益，要集团进行决策。去年探索中许多客户还是希望多个发布平台，且现在广告市场中，网络广告的投放量已在逐步加大。

第四个应该是报纸的评价体系，可以叫做数据互动，报纸的某些数据是没法统计的，比如内容和广告的传阅率、阅读量，但这个在网络是可以实现，包括基于报纸版面的调查，这是报纸自身的诊断、完善系统，我们现在正在开发软件。

第五就是报纸产品的数字化。

记：报纸产品的数字化应该就是报纸内容的再度呈现，曾被认为是新旧媒体“亲密接触”的雏形产物，或是新旧媒体的合作极限。你认为这个层面的意义在哪里？

任：报纸产品的数字化，在我们设计的报网互动产品体系中，严格地讲应该放到第一个，这是报业和新媒体交融的第一步，层次最低，不需要创造和新的加入，这是最基本、最应该做的，但就这个层面国内还没有完全实现。报纸产品的数字化是转型不是生产，同一种内容通过不同介质进行延伸传播，完善了新闻产品传播的广度、路径，实现差异化传播，是报纸为保证自身持续发展完善产品链的选择，基本的目标是满足现代人对数据、信息的接收的功能。

所谓的数字化，既包括电子版、PDF、FLASH版，又包括数字化电视、户外电子公告牌等等，即个人和公共的两大类设备，甚至比如街头的磁卡电话，公告牌、地铁等等。以本地同行为例，大洋网起点低，但是规划长远投入力度较大，电子版报纸其实已经领先于我们，国内的有宁波新闻网、浙江在线、红网、上海解放日报，动作力度也都很大。

记：这套体系相当庞大，如果用一句话来阐述，你会怎么描述？或者，你觉得这套体系里有没有一个能看作为关键性的指标？假设某个互动彻底实现了，就基本意味着报网互动进入一个新领域？

任：报网互动最核心的东西，我认为要考虑的是，新媒体做了报纸不能做的事。以去年我们做的南方小姐为例，通过报纸报名人数不到200，但通过手机和网络突破1千，整体点击过百万，其参与度和影响力，是传统媒体是远远达不到的。

在我们设想的产品体系里，新闻产品生产的互动是最核心的，最深度的，去年奥一做的很多东西，比如说“有话问区长”，“有话问市长”，现在已经是一个常设栏目，去年有网民发帖希望区长重视深圳某工厂污染，报纸跟进报道，促成龙岗区区长以个人身份去市民家中闻废气体验，这就是典型的网络原发、报纸生产传播，包括去年深圳大塞车、孟浩事件、黄海涛高考提议、张广宁游珠江，都是网上发现线索平面媒体跟进。这部分还包括新闻生产力的互动，编辑、记者在报社中属于生产力，但这部分生产力在报纸上没有完全释放，他们释放的能量还远远不够，尤其是明星记者，大牌记者、编辑，有些东西在报纸没有办法呈现，但网络互动可以改观，比如说通过博客、在线访谈，新闻的生产和接受者直接交流对话，实现点对点的传播。

我觉得报网互动的的这些产品是一套整体的体系，奥一网现在所做的应该还是比较初步，离我们的目标也还很远。假如我们这些都做成了，我想，再不用争论报纸办网站该怎么办，互联网的赢利模式有哪些，新闻网站为什么不能赚钱。

报网功能未来渐趋差异化

记：你刚才提到报网互动的核心是，互联网做了报纸不能做的事情。许多人可能会产生两种担忧。其中一种是，新旧媒体的属性截然不同，即便在媒体发展史上，两种类型媒体间的深入合作也甚少，你认为报网之间的默契配合能

达到怎样的程度？

任：我们现在正在做未来体系的建构，报网互动努力的方向应该是系统化、产品成体系化、梯队化，刚才所说的这套产品体系，其实已涵盖了新闻的生产、传播、终端销售的捆绑、广告发行和数据回馈，包括介质的换型，是新闻生产传播的所有领域。我认为，报网互动，最终实现的是整个产业链的互动和对接，即杂交、两栖、混血。而不仅仅是单纯某篇文章、报道。双方渠道、媒体、终端的融合，完全可以实现最大化，同时也反证了网站取代不了报纸。任何一种新技术发现，必须跟传统的产业需求结合，因而才有市场，有市场才能有商业价值，而单纯的技术本身不能形成商业模式。

报纸本身是个高成本的行业，新技术的出现为其未来可持续发展降低成本提供了一个新的解决方案。打个比方，将来或许报纸的印数会减少，但个性化服务非常多，除各种电子版本外，读者喜欢某个版，可以委托佳能、富士等打印店甚至家里的终端打印机，用廉价的新闻纸个性化定制。我们新闻互动网站未来几年的目标是社区化、个人化、矩阵化。个人化是个人门户，如博客，音乐、相册、自定义；社区化是以报网互动、论坛、交友形成社区；而矩阵化是以深圳、广州为核心，向珠三角发展，也是一个“2+5”模式。报网之间的配合可以用孪生兄弟来形容，是全方位的无缝对接。

记：另外一种担忧相对比较普遍，你刚才说新媒体不能取代传统媒体，但新媒体现在还相对弱小，“强＋弱”态势或许容易形成互补，这种合作是否仅停留在当前阶段？比如，未来新媒体真正强大后，会不会将传统报业抛弃？

任：传统报业进军新媒体后，发展的路子还在探索，没有技术背景、新概念、资金，确实要建立在传统媒体上，而不是空中楼阁，但我对新媒体的前景非常看好。你刚才所说的，未来新媒体真正成形了，假如广告大部分跑到网络上去了，那只是整个媒体的发展趋势抛弃了你，即便没有奥一网，广告还是会往互联网走，我们不能用“鸵鸟政策”。但对奥一网来说，自身的两个功能都要重视，除了媒体价值，工具价值如交友、分类信息、易物等，是必须做新的增长点。

我认为，报纸不会消亡，再过 50 年都会有，只是可能会变成奢侈品，如同现在手工做的布鞋一样。将来年轻人接受印刷媒体的机会越来越少，并

不排除印刷媒体在一定人群中存在很大市场。任何一次技术革命，逆向商机历来都是存在的，传统报业和新媒体结合，重心是往新媒体发展，但倒过来传统媒体也能找到机遇。

记：奥一网现在的产品体系中，最为核心的互动是将原先的新闻生产链条进行了变革，将原先单向的“生产→传播”演化至一个新的循环圈。但网站未来获得新闻采访权后，这种模式会不会失效？

任：传统的两环链条在新时期下被延伸，我认为，一个标准的报网互动链条应该是“网民报料→记者求证→新闻成品见报→网民读者评价甄别→再见报”，这个链条还可能局部或全部多次循环。整个链条的核心是传统媒体，即记者的核实与求证，传统报业历史积累的品牌、权威性、专业性、新闻记者和采访权，难于替代。假使网站获得新闻采访权，这种模式也只会加强。比如第一时间从网络获悉发生地震，报纸报道肯定来不及，这个信息会在网上及时呈现，整个事件的还原有专业记者和大众的共同参与。这时，传统报业新闻记者从网络上获得的，已经不止于线索，经过专业采访、制作的成品更具有深度，新闻水准会获得提升。传统报纸拥有后发优势，其所做的已不停留在事件本身，而是关注其延伸和纵深性，报网承担功能开始差异化，报纸能着眼于更广阔的视野和深层次发展。

记：但传统报业记者也许会担心，如果稿件被网站提前刊登，次日见报后的影响力会削弱。

任：我觉得这个同样是伪命题。重大突发新闻，比如一单火灾、车祸，在网络上及时同步报道公布，所起到的反而是凸现报纸品牌，证明还是我们南都记者第一时间到场并率先发布，第二天媒体见报的报道可以差异化、文本化，更加详细。这个问题在美国报业也曾引起过争论，最终的调查结果是不会。当前，除调查性报道外，突发性报道追求独家的难度很大，打个比方，某大桥塌了，到场的肯定不只有某家媒体的记者，而是多家媒体记者。但往往第一时间目击重大新闻尤其突发新闻的是群众，所以奥一的报料、牛客基本理念是公民记者，人人都有记录新闻的可能。但在目前体制和政策层面下，我们也在探讨在中国如何实现如美国的德拉吉关于莱温斯基裙子的公民报道，以及韩国“OH，MYNEWS”的公民记者。

另外，报网两者的读者群不同，互联网信息的海量、语感支离破碎，阅读感受的巨大差异，注定了报网功能的差异化，刚才所说的传统报纸的后发优势是新媒体所做不到的。除了小说，让读者在网上、手机上阅读一篇近万字的通讯，根本读不下去，即便看完印象也很肤浅，这和人们的信息接收、阅读习惯有关。不同的媒体，不同的介质都有自己的局限性。

报业要摆脱“烧鸡”命运

记 南都去年初开始试水网络，至今已有 1 年多，目前进行得是否顺利？你觉得压力主要来自哪里？

任：困难确实很大。在当前的报网互动中，传统媒体强势，网络处于弱势，双方的实力、信息不对等，这是个很大的障碍。传统报业要向新媒体转型发展，必须以强带弱，否则未来的发展前景堪忧。我认为，国内的第一代互联网，比如说新浪、搜狐，和一张报纸的差别其实并不大，有人评价他们其实是网络中的传统媒体。这些网站同样具有新闻功能，十多年发展到今天，他们凸现的主要是媒体功能，否则没办法解释他们的互联网广告这么多，所谓媒体功能的结果就是让广告实现价值，这是最基本的逻辑。

第一代互联网发展到现在，严格意义上来讲，他们已是传统媒体和渠道商。我认为，新闻产品渠道商新浪和家电业中的渠道商国美、苏宁以及零售商沃尔玛并无太大差别。国美、苏宁出现后掌控了家电产业的渠道、销售终端，但事实上是革了中国家电的命，这个产业从此进入微利甚至亏损时代。也有个例子可以反证，珠海的格力没有屈服渠道的淫威，前几年被渠道商封杀，但反而成就了格力，后来自己建门店、销售网络，当中国家电产业整体处于煎熬时代时，格力活得意气风发。

中国第一代互联网已发展成新闻产品的渠道商，造成了这样一个现状：传统媒体的产品相当于沃尔玛超市的“烧鸡”，要摆在互联网的“货架”上才能实现价值。在新媒体领域，几个大门户网站已经部分掌握了传统媒体的销售终端，甚至凭借此在纳斯达克上市。传统报纸所办的网站，在这样一个起跑线上竞争，几乎不可能做成。假如报纸还意识不到这点，不能以强带弱，还继续把自己的新闻产品无偿或廉价地上供给这些大渠道商，或者以产品被摆上这些平台沾沾自喜，将是个危险的信号。尤其是南方报业传媒集团，在国际、国内久负盛名，如果还要企求于这些大的渠道商，对我们的品牌价值和未来可持续发展都是极大的挫伤。

记：你的意思是要从战略规划层面考虑。你觉得有哪些需要提前未雨绸缪？

任：从高层次角度来讲，我觉得困难还有两点，一是利益分割，报网互动是需要无缝对接高度互动，既有刚性的强制性的，也要有自觉的、发自内心的、为未来共同利益考虑的互动，这方面也存在一定障碍。比如奥一网，也是一个利益体，有自己的独立法人、年度目标，怎么样在这个基础上有利于互动，需要从制度和体制上予以提前考虑，最终实现双赢的局面。时机不紧，大家或许没有危机感，但假如有一天南都没有像现在这样高速增长，整个媒体利润开始向新媒体倾斜，读者越来越少时大家才想到互动，将为时已晚，大势已去。我觉得这方面应该居安思危、以忧患意识去考虑。

另一方面，办新媒体一开始就要自力更生，没有哺乳期，一出生必须自

己养活自己，这个过程相当艰难。新媒体，尤其是后者必须经过一个哺乳期才能进入快速发展。新媒体周期短、技术更新快，假如不足以把门槛抬高，模式很容易被别人复制。为什么“分众”成长这么快？这种模式南都 2001、2002 年在深圳已经做，但江南春的成功在于大投入，迅速占领国内大部分城市的楼宇广告，把整个行业的门槛提高。我觉得，报网互动更加注重智慧、业务、知识，但门槛并不是很高，这是个很大的危机。假如我们短时期内快速做成了，国内媒体办网站甚至可能会走出一种新模式。

记：新的模式？

任：奥一网这种比较先进的产品体系一旦迅速形成，我们可以扩张，可以承接别的报纸的互动业务，借助我们国内最大的互动平台量身定做，中小报纸已没必要再做投资，这类似刚才所说的渠道商概念。但和华光系统等纯技术手段不同，网络无疆界，报网互动有生产、创造的概念，包含智力因素，相当一部分仍需要人来做的，人和机器进行高度融合。

记：众所周知，新媒体领域的开拓发展对投入要求很高，互联网至今给人都有“烧钱”的印象，你觉得这个概念在报网互动中是否存在？

任：之前我提到报纸产品的数字化，比如报纸产品的不同形态的电子接受终端，前期投入维护也需要花钱，但一想到怎么盈利就很难再做下去，它的盈利模式现在还没看到。但这种想法类似于，一只鸡还没长大就想着让它下蛋。新媒体产品形态的市场本身在摸索阶段，风险也就在此，等盈利模式成熟了，一做就赚钱，也可能就轮不到你了。

记：你觉得报网互动在广东，在南方报业，最终的态势是怎样的？

任：目前国内大的互联网企业主要分布北京、上海、深圳，但广东互联网人口在全国占很大比例。我认为，未来广东新媒体产业会领先，比如广州的3G门户，迅雷和QQ以后发展的方向是做内容，这是很重要的趋势。基于广东的网民量、经济发展水准，媒体办网站会有市场空间。另外，广州的传统媒体在国内相当强，三大报业集团每家都有自己的主打网站，之前没有商业化运作是自身创新问题，也跟报社体制、互联网环境有关，奥一网问世后，这几家网站似乎有了竞争的味道，未来广东的商业网站和新闻类网站将有较大发展。

我个人认为，南方报业构建新

媒体的基本战略，应该是以品牌换时间，以资源换股权。大网站已经发展10年了，新媒体技术商业模式日新月异，更新周期很短，而传统媒体缺乏新媒体的人才和运营经验，要和他们竞争，谈何容易！网民需要积累，如果我们从零开始，做到前500名或1000名，没大的资金投入很难做成。我认为，不用惧怕大的渠道商，用南方报业的品牌来换他们这十年的发展时间，用我们集团得天独厚的新闻资源换取他们的技术或股权。这是一条切合集团实际，切合网络市场实际的路子。

（作者为南方都市报记者）

在刚刚结束的全国“两会”上，报纸和所属网站、报纸和商业网站的互动合作全面铺开，由此我们看到了报网互动的新动向和新趋势——

报网互动走向纵深

□詹新慧

经过 2006 年一年的纷扰和喧嚣，报网互动在进入 2007 年后依然是传媒业学界和业界的关键词。

在刚刚结束的全国“两会”上，报纸和所属网站、报纸和商业网站的互动合作全面铺开、俯拾皆是。据笔者粗略统计，中央电视台有 6 个频道、16 个栏目与新浪网有合作，与搜狐网的合作媒体也多达 20 多家，腾讯网专门开通了“媒体人说两会”栏目，邀请媒体记者开设博客。人民日报和人民网在“两会”开幕前就联合举办了以“2007 两会调查 · 百姓关注热点”为题的网上调查，“两会”中人民网又将人民日报两会特刊的图形版融入自己的

人民网两会日刊截屏，右边为《人民日报》两会特刊图形版。

两会日刊，并在日报中设置了“网友评两会”栏目，精选相关内容刊登在特刊“网友热议”专栏中。

透过“两会”报道，我们看到了报网互动的新动向和新趋势，那就是报网互动走向纵深，走向更多的网站，走向真正的新闻融合和媒体融合。而随着报网互动走向纵深，我们对报网互动的阶段、内容和本质也开始有了新的认识，走向纵深的报网互动也对报纸和网站提出了新课题。

报网互动的发展演进

如果将 1995 年第一个上网的媒体《神州学人》杂志电子版出炉作为报网互动的发端的话，屈指算来报网互动已经走过了 12 年征程。早期的报网互动更多的是网络对报纸内容的简单拷贝和粘贴，是网络在承担“搬运工”的角色。看看 1997 年 1 月 1 日上网的人民日报网络版（人民网的前身）（见下图），页面的大部分内容都是人民日报及其子报子刊的内容，设置的栏目也和报纸版面基本一致。这种初级的报网互动一方面源于互联网发展初期网络硬件和软件环境的制约，一方面也是报纸网站的自然定位。虽然随着互联网的快速发展，报网互动进入到了一个新的阶段，但报网互动的这种初级模式并没有终结，一些报纸的网络“形象”至今依然是原汁原味的母版内容。

进入第二阶段，报网互动更多地表现为“来料加工”、“选料加工”和“下单定制”。互联网空间海量的特性使得一部分报纸网站不满足于简单翻版母

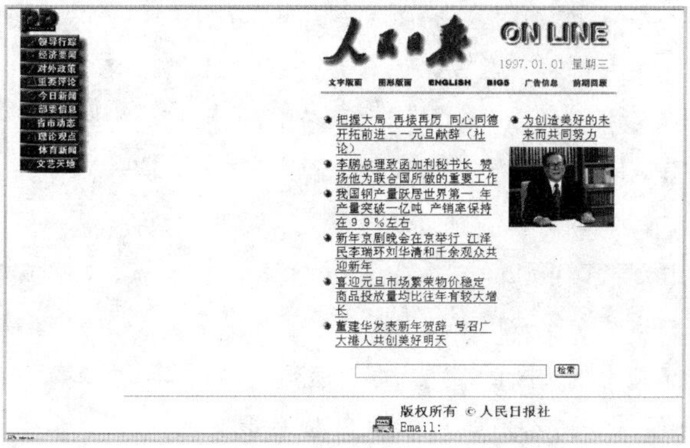

人民日报网络版 1997 年 1 月 1 日页面。

体见诸报端的有限的内容，一方面他们对报纸的内容进行“来料加工”、“选料加工”，制作成符合互联网特性的网络新闻，一方面积极和报纸的采编人员加强沟通和联系，对一些重大报道“下单定制”。1998 年“两会”期间，人民网和报社上会记者合作，由前方记者在人民大会堂通过手机报告会议现场情况，后方记者录音记录，通过这种方式人民网在第一时间在网上发布“朱镕基为中华人民共和国国务院总理”，比中央电视台直播快 2 分钟。

2004 年之前，报网互动基本还是网主动，报被动，网积极，报消极，网利用报多，报利用网少，网络仅仅是报纸在互联网上的读报读刊渠道和形象展示窗口。报纸经济效益的下滑和新媒体对传统媒体的强大冲击，使报纸意识到网络的力量，开始考虑利用网络为报纸服务，借助网络发展数字化战略。《焦点网谈》是河南日报报业集团在全国各大传统媒体中首开报网互动、手机短信互动先河的新栏目。该栏目拥有网络版和报纸版两种版本，既“分身有二”，又“合二为一”，河南报业网开设固定的“焦点网谈”频道及论坛板块，河南日报每周以两个整版的篇幅予以刊登发表，形成网站、报纸、手机三大媒体互联互通、互取所长的新型传播形式。

互动的前提是共识。从简单复制、网借报力到报投身于网，一个显著的进步是报网形成了互动的共识，网不再是报的附属，报也不仅仅是网的内容源泉。由此，推动报网互动走向纵深。

报网互动，从资讯到资源

走向纵深的报网互动，一方面表现为纵向互动层次的多样和丰富，覆盖到新闻资讯、人力资源、服务活动和品牌资源等等多个领域；一方面表现为横向互动的增多和扩大，不仅与同一系统的网站互动更是面向所有的网站，不仅与有线互联网互动更是发展到无线互联网和移动平台。

内容层面的报网互动目前已成为互动的常态，特别是重大事件、突发事件的互动、联动，报纸和网站人员经常共同策划、参与，发挥多种媒体的传播优势，各种报道手段并用，放大新闻价值形成舆论合力。这种内容层面的报网互动已充分为各大报纸、网站娴熟运用。2004 年洪战辉事件的报道就是一例。《郑州晚报》并不是第一家报道洪战辉事迹的报纸，但他们意识到作为地方性传媒，郑州晚报的影响力仅限于本地区、本省区，而互联网有着跨越地域的优势，尤其是全球、全国性的门户网站。因此，他们积极与人民网、新华网、新浪网等主流门户合作，联手互动，利用互联网平台，层层推进，将新闻价值再放大，形成了舆论合力。

如果说内容互动是事后互动，那么人力资源层面的互动则是事前互动，是报纸和网站为做好新闻报道调配资源的主动出击。人力互动一是新闻采访联动,即针对某一重大新闻报纸和网站共同派出记者赴第一线采访。每年“两会”报道人民网和人民日报共同组成报道组，人民网的报道人员还超过报纸记者，报网发挥各自的优势，网络记者以简短的消息、快讯、直播配以现场的图片抢得报道先机，报纸记者深度采集挖掘，既为报纸供稿，又为网络供稿，并以深度报道弥补了网络短、平、快之不足；二是独家供稿约稿，或是报社记者将采访内容第一时间发给网站，原创首发；或是根据新闻线索网站记者约请报社记者单独供稿；三是报社记者参与到网络新闻活动中，在线访谈，设立专栏，开建博客等等。

现代传媒竞争不仅是新闻内容的竞争更是市场活动、营销的竞争。网站配合报纸开展线下活动已成为报网互动向纵深发展的必然。时尚杂志《瑞丽》在开展“封面女孩”大赛活动时，以网站作为报名的窗口，在网上建立活动专区，收集活动信息，展示活动形象，吸引网民参与，将网站作为活动聚集人气的重要手段。2004年5月,人民网推出“人民日报导读”短信服务,同时,《人民日报》在每个版面都开通了读者与编采人员互动交流的短信通道，让编辑可以直接跟读者交流，从而在信件、电子邮件、电话外，为编读往来提供了一个崭新的互动平台。服务活动领域的互动需要充分调动报网资源，是渠道与渠道的互通，平台与平台的叠加，最终达到优化组合的目的。

报网互动的最高境界是品牌共享，报网一体。相比于网络短短十年的历程，报纸一般都积累了丰厚的新闻资源和人力资源，具有一定的社会公信力和品牌影响力。虽然在最初阶段网络需要借助报纸的品牌优势，承继报纸的品牌资源，获得品牌的“同位素”效应，但随着网络的发展，网络的品牌形象也逐步形成，建立了自己的品牌资源、知名度与美誉度。人民时评是人民网 2001 年开设的栏目，每天在主页显著位置原创首发一至两篇署名时事评论，围绕舆论关注的焦点、百姓关心的热点、党和政府工作的重点进行评说。2004 年，“人民时评”在人民日报视点新闻版“落地”开栏，成为报和网共同拥有、共同经营的品牌。

报网互动，本质是什么

《纽约时报》发行人小苏兹伯格说,《纽约时报》向受众出售的并不是报纸，而是新闻，是信息与知识。这种信息与知识，是以纸张、胶片为载体，还是以无线电波、直播卫星、互联网络为媒介，无关紧要。重要的是，必须应用最新的技术手段，多渠道地销售信息与知识。因此，走向纵深的报网互动，其本质是实现内容上的多次传播、运营上的多次销售和品牌上的无限延伸，使受众享受差异化和个性化服务，使新闻报道在社会上形成舆论合力。具体而言就是:

在传播内容上，通过报网互动对新闻进行多次传播。岁末年初，解放日报报业集团从所属报刊抽调人员专门成立了一支 24 人的即时播报队伍，第一时间为网站提供简短的本地资讯；随后又对同一内容进行深度加工，刊发到纸质媒体上。而《人民日报》则是将“人生境界”和“体验”两大品牌栏目安家强国博客,开始尝试使用 web2.0 技术借助互联网对报纸内容进行传播,并和网友进行交流沟通。无论是报利用网，还是网借力报，最终都实现了内容的多次传播。

在传播方式上，报网互动实现了媒体渠道的融合即运营的融合。内容是报网互动的根基,《瑞丽》以“内容为王”,把内容资源转换成适合杂志、网站、图书、手机、广播、电视、报纸、音像等媒介形式的时尚资讯产品，实现了一次内容的八次销售。

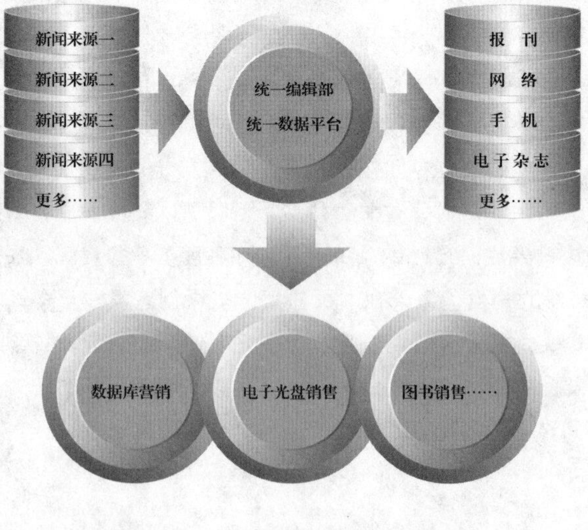

在传播主体上，报网互动最大化地体现了资源共享，品牌共享。人脉资源、政府资源、数据资源和品牌资源，这些优质资源随着报网互动的深入渐渐迁移到了报纸以外的网站、手机等其他媒体，缩短了新媒体积累资源、打造品牌的时间，更重要的是报网互动使网站、手机等新媒体自然承继了传统媒体的良好口碑和社会声誉，天然地拥有了一支自己的网民读者。

互动是一种手段，而不是目的。因此，报网互动从传播客体和传播效果层面上看，是要通过互动使网民享受到差异化、个性化服务，使报纸、网络等多种媒介的传播效果达到最优化，在舆论上形成合力。只有这样才能达到扩展传播覆盖地域、扩大受众群体、提高报网用户忠诚度、增强内容反馈、贴近更广大受众的真正目的。

报网互动走向纵深的方向和趋势对报纸和网站都提出了新课题。在欧洲，一些报纸已经打破了传统的机构设置，将不同媒体的新闻采编集中于同一个数据平台或新闻终端，随时进行信息整合，报纸和网络编辑部合二为一，建立了一个面向受众 24 小时提供新闻信息的数字化处理多媒体平台。在业务流程上，也对旧有的策划、采集、发稿、审稿等业务方式进行改造和再造。英国《金融时报》开选题策划会时会兼顾平面和网络两个出版平台，选题的标准大体相同，但他们会根据网络的特点寻找更多的机会利用好网络的互动功能。同时，他们还设计出一套新的出版软件系统，在这个系统中能同时制作报纸和网站需要的新闻，包括视频及互动内容。而国内报纸和网站基本还是两支队伍、两个平台在运转。

从体制上看，大部分报纸还是事业体制，实行的“事业单位、企业化管理”，而网站则大部分走的是市场化道路，按照市场机制在运营。两种不同的体制在报网互动走向纵深过程中势必发生碰撞和摩擦，也势必影响到报网互动的效果和效益。这也是当前报网互动不能常态运行的重要原因。

报网互动对报纸和网站的人员都提出了高要求，要求报纸记者要有网络即时、瞬时报道的意识，要有能采写多种类型的稿件、运用多种技术工具的能力；要求网站编辑要有发原创、独家的“内容为王”的意识，要从简单的拷贝—粘贴型编辑转型为策划—主持型编辑；同时，要在报纸和网站共同培养懂技术、懂新闻、懂管理，擅长策划的具有整合传播意识的高层次管理人才，只有三管齐下，才能真正让报网“动”起来。

（作者为人民网记者）

报网互动，党报战略的转移

□朱夏炎

河南日报报业集团党委书记、董事长、社长　朱夏炎

河南日报、大河网《焦点网谈》专栏，在全国首开报网互动、手机短信互动先河，创办当年便获得中国新闻奖新闻名专栏一等奖，不仅成为河南省报刊界第一个，而且还是中国互联网历史上第一个和目前唯一一个；2007年2月，经过技术统计和专家评议，《焦点网谈》又获得“2006年中国互联网站品牌栏目”。《焦点网谈》一时间受到业界高度关注，有专家称其“代表了中国新闻网站和网站新闻的发展方向，代表了社会民主政治的前进方向”。中宣部新闻局《内部通信》对《焦点网谈》的报网互动给予高度评价，认为其一方面“反映民众心声，推动政府工作”，一方面“加强报网互动，丰富报纸内容”。河南省委书记徐光春两年多时间先后对《焦点网谈》及其报道做出十余次批示，认为《焦点网谈》栏目首开全国党报报网联动先河，主动引导网上舆论，宣传富有成效。

我们始终认为，没有战略前瞻的团队是没有希望的团队。作为河南日报改扩版的一项重要内容，《焦点网谈》创办之初我们就有明确的想法，就是一方面反映网上焦点、热点，一方面用党报引导网上舆论，为报纸和网络的互动融合探索出一条路子。该栏目“分身有二”，又“合二为一”，即网络版和报纸版：在大河网开设固定的“焦点网谈”频道及论坛板块，把报纸上的热点、焦点问题放到论坛上讨论；在河南日报每周辟出两个整版，把网络上讨论的热点话题和网友评论，整理后放到党报上发表，从而在党报上展现网友声音，在网络上体现党报导向。

众所周知，我国各级党委机关报是党和国家宣传思想战线的主力军，河南日报通过《焦点网谈》关注网络舆论，占领网上阵地，掌握网上舆论主导权，其探索的方向是一种战略的选择，或者说是党报主力军的一种战略转移——从纸的阵地，转向网络的阵地。

加强报网互动是网络舆论特点的导向要求

网络开放、互动、无时空限制的特点，使得网民可以自由发表意见和评论，聚合某种愿望或诉求，凝成某种舆论，从而形成网络民意。有专家指出，能够聚集数万人甚至数十万人同时在线的网络论坛以及新闻跟帖，在一定程度上不仅培养了网民的民主意识，训练了其参政议政的能力，而且还通过汇聚并推动民意引导社会舆论，进而影响政府决策，成为引导和洞察社会舆论的窗口，对中国民主政治产生重大影响。但网络言论泥沙俱下、鱼龙混杂，偏激和非理性、群体的盲从与冲动、网络色情、隐私披露、谣言增多导致谣言惑众、谩骂与攻击等不断出现。如果我们的舆论宣传阵地被有害言论先入为主，错误引导，就会扰乱正确的舆论导向。古希腊学者称，要取得政治统治权首先是要取得话语统治权。对于网络舆论阵地，党报不去占领，其他意识形态就要占领。因此，党报决不能心无旁骛，而是必须心有所骛，要主动按照中央提出的加强网上思想舆论阵地建设要求，占领网络舆论制高点，掌握网络舆论主导权，充分发挥党报舆论宣传主力军作用，弘扬科学精神，宣传先进文化，从而以科学的理论武装人，以正确的舆论引导人，以高尚的精神塑造人，以优秀的作品鼓舞人。

曾经，网络上盛行芙蓉姐姐、流氓燕等所谓的“网络红人”，部分网民甚至认为这是中国数千年被压抑了的个性的张扬。对于这一现象，《焦点网谈》主动引导网友评论，并整版刊发了《网上“红人”芙蓉姐姐引发网友评论　网友呼吁：用先进文化占领网络阵地》的报道，并配发评论，观点鲜明地进行了舆论引导。中宣部领导对此给予高度评价。接着，《焦点网谈》从去年下半年到今年2月，又推出了一系列积极向上的真正的“网络红人”，如"中国最美女记者"曹爱文、"中国最美深山女教师"梅香、"中国最美继母"武雪梅、"中国最美女儿"禧玛妹妹，以及同样红透网络的幼教妹妹、公交妹妹等，弘扬先进文化，塑造美好心灵，引导网络舆论，产生强烈反响。网友在评论中说，和"芙蓉姐姐"相比，这才是真正一尘不染、清新可人的出水芙蓉。她们是真、善、美的化身。她们的走红是人们对真善美和积极向上人生态度的最高追求。

由于《焦点网谈》所做的报道均来自于网上，内容全部是网友在网上的留言和新闻跟帖，因而更加贴近网友，更加接近真实，更加符合民意，网友也更容易接受，舆论引导的效果也更好。2006年10月27日，《焦点网谈》在河南省八次党代会期间推出"令网民骄傲的十大亮点评选活动"，其在河南日报见报后，河南省委书记徐光春做出批示："这一专版、专题的构思很好，生动、形象、有力，让网友说，更有意义。"

加强报网互动是对外宣传和发展的要求

经济全球化和全球一体化是我们时代的主题，"让中国走向世界，让世界了解中国"是时代发展的要求。在这方面，党报虽然身为宣传战线的主力军，但作为传统媒体，在传播中却受到了很大的局限——地方媒体的发行范围基本在地方，全国媒体基本在国内，即便是上星的卫星电视，也只能在一部分地方落地。

因此，党报要充分发挥自己主力军的作用，在更大的范围内宣传改革开放和经济建设的伟大实践，就必须充分利用网络无时空限制的特点，通过网络文字、图片、音频、视频等方式，在更大的范围内扩大宣传。

最近，河南日报组织策划的很多重点报道，正是通过大河网的传播，迅速被人民网、新华网、新浪网等广泛转发，在全国产生很大影响。河南省委书记徐光春率团到美国加州招商期间，几乎每天都有中、英文的新闻在网上发布，在中原文化港澳行的报道中，《焦点网谈》联动豫、港、澳网络媒体，报网互动，三地互动，创造性地展示充满魅力和活力的河南。作为报网互动的栏目，《焦点网谈》尤其关注全国网友对河南重大成就的评价，新华网、人民网、新浪网等网友对河南发展的由衷赞叹几乎每期都出现在《焦点网谈》的报道中，同时又通过网络走向全国。网友对河南率先取消农业税的评论，对河南跻身"万亿元俱乐部"的评论等，均在网上产生强烈反响，引起共鸣。舍生取义的李学生、大义至孝的张尚昀、勇于担当的洪战辉、最美女记者曹爱文、深山女教师梅香……他们的事迹一个个走进《焦点网谈》，在网上评论如潮，全国网友惊呼：这堪称“河南人现象”！《焦点网谈》还充分发挥网络互动、开放和无时空限制优势，与全国各大网站开展互动合作，促进区域合作和交流。《湖北网友注目河南发展》、《武汉城市圈告诉中原城市群》、《网友呼吁：河南应跳出中部看山东》等，均在河南的对外宣传中发挥了积极作用。

加强报网互动是党报生存的要求

国外《华盛顿邮报》、《华尔街日报》、《纽约时报》的缩版减员已不是新闻，国内十几家报纸陆续停刊也已不是新闻。

面对新媒体的挑战，河南日报报业集团提出，没有读者的报纸谈何导向，没有市场的报纸就没有阵地，强调市场就是强调占领舆论阵地，从而叫响了以创新思维，实现两个面向（面向读者，面向市场）的办报思路。我们提出，河南日报必须站在战略的角度，从党报生死存亡的角度，积极开展报网互动，促进媒体融合，占领网络阵地，实现战略转移。我们深信，实现向网络的战略转移，不仅能确保党报主力军的地位，而且地位会不断提高，实力会不断壮大，阵地会愈加巩固，舆论主导权也会掌握得愈来愈牢，这是在为报纸的未来买单。

新兴媒体文图兼备，音频、视频兼有，文件处理和储存方便，而且其即时发布，海

量储存，互动性强，张扬个性，没有时间和空间限制等等。党报只有与时俱进，充分利用这一先进的网络技术，才能凭借网络的翅膀实现脱胎换骨，迎来凤凰涅磐，才能放大自己的声音，扩大自己的影响。

但网络只是传播的手段，最终说话的还要靠“内容”。在科技发展的今天，什么都能克隆，惟思想、观点不能克隆。党报作为我国各级党委的机关报，它始终是党和国家宣传思想战线的主力军，其权威性、思想性、准确性、真实性、公信力、影响力，任何媒体难出其右。作为权威媒体，政经大报，我们在河南日报改扩版时，就明确提出了“时代高度，中原向导”的办报宗旨，明确提出了“权威、高端、民生、有用”的理念。同样一个新闻，党报报道以后，就会成为读者和业内同行衡量其他媒体对错、高低、深浅的标尺；党报所能提出的问题，进行的深度分析，前瞻性和引导作用，造就了党报的核心价值。我们提出，报纸不仅仅是纸，更是思想和观念，纸只是报的媒介，一旦报纸脱离纸实现向网络的战略转移，那么死的是纸，活的是报。报纸因思想而存在，因网络而广播。

我们认为，在这战略转移过程中，谁率先抓住机遇，谁就率先抓住了市场，谁抢先一步，谁就将实现利益的最大化。河南日报报业集团为此做了大量探索。

在内容方面，除《焦点网谈》外，我们还开辟了《总编在线》、《记者连线》、《第一反应》等专栏，全方位开展报网互动；在广告经营方面，大河报和大河网积极合作，一方面在网上对报纸分类信息进行整合，一方面拓展外地客户和全国品牌市场，每年实现了数千万的省外广告收入；在手机短信方面，河南日报报业集团和河南移动联手打造河南手机报，创办不足一年，体验用户已达 120 万，位居全国前列；在户外阅报栏方面，我们利用无线广域网技术，计划首期实现 400 个党报阅报栏上网，使群众在大街小巷就可以自由上网，阅读党报，从而使党的声音深入街道、社区、商场，扩大舆论阵地，服务群众生活，而且利润可观；此外，对正在兴起的数字电视、IPTV、手机电视等新兴媒体我们也在摸索之中。

当今世界，唯一不变的就是变化，党报只有牢记政治意识、大局意识、责任意识、阵地意识，与时俱进，及时调整战略转移步伐，才能牢牢占领舆论阵地，牢牢掌握舆论的主导权，始终发挥出主力军的作用。

从“永恒的长征”谈报网互动

□杨大进

浙江日报报业集团总编辑杨大进

（一）

2006年7月下旬至10月下旬，在全国上下纪念红军长征胜利70周年的热潮中，浙江日报、浙江在线网站会同共青团浙江省委及其所属青年时报，在全省团员青年中开展了“永恒的长征”——纪念长征胜利70周年创意实践活动。这一活动，把三家媒体的纪念长征主题报道与团组织的主题教育融为一体，吸引广大团员青年积极参与。直接参与“永恒的长征”创意实践活动的团员青年达150万人次，浙江在线“永恒的长征”报道专题页面点击率达3000万人次。

“永恒的长征”创意实践活动还受到其他媒体的关注。新华网、人民网、千龙网、东方网、新浪网、搜狐网等30多家网站先后报道过浙江这项活动或链接了其中的报网互动论坛直播。2006年12月8日，新华社播发了消息通稿《浙江上百万青年用“创意”纪念长征》，8日晚，中央电视台在“新闻联播”节目播报了《浙江：百万青年以创新形式纪念长征》；9日，人民日报、中国青年报刊登了8日新华社播发的消息，新华网、人民网、千龙网、东方网、新浪网、搜狐网等全国50余家网站转发了新华社的消息。

（二）

“永恒的长征”创意实践活动社会反响如此之强烈，一个十分重要的因素是报纸网站全程主导和参与。

——双方同步推进报道，互相转载报道。自8月7日首次刊登报道至10月22日的两个半月中，双方的报道规模都空前大。浙江日报“永恒的长征”专栏每周发稿3次以上，共发文字稿92篇，图片80幅；专题报道半版至整版的版面有8个，打通版2次计4个整版。浙江在线“永恒的长征”专题共设三大版块、21个栏目，累计集纳文字稿件421篇，图片150张，视频700分钟。在这一长过程中，浙江日报以网页形态的版面充分报道浙江在线各栏目的内容，浙江在线则及时全面地转载浙江日报的相关报道。

——双方各展所长。浙江日报重在对创意实践活动给予权威性引导。发表“开栏的话”和相关评论，刊登纪念活动报道，推动活动步步深入。浙江在线则重在广泛吸引青年参与。开辟“长征点播”、“长征故事每日一读”等史实栏目，推出“寄语长征留言墙”等栏目和报网互动论坛留言板，引发青

年及网民见解。特别是开辟“创意方案 PK 台”，提供了网上竞赛及评选平台，这是保证创意竞赛进行的关键。在广泛吸引青年参与、充分反映各方见解方面，浙江在线发挥了独特的功能。仅以评选省级优秀团队活动为例，约有 67.8 万人次参与网络投票，累计总票数近 340 万张。

——双方高度协调地组织网络对话，实施重点引导。其中最成功的是三次报网互动论坛直播报道。事先，浙江日报牵头，四家单位共同分析，把团员青年、网民的各种见解聚集到对于长征精神的感悟、认同和传承这一焦点上，设计了三次论坛的具体方案。浙江在线不仅承办了论坛演播工作，还在第三次互动论坛开播前，商请中国电信、中国网通、中国铁通等运营商和新浪网开放了视频服务器，从而显著放大了“永恒的长征”创意实践活动的报道效果。

——双方的报道相辅相成，提高了各自的影响力。浙江日报的相关版面，明显地与团员青年和社会各界贴近了，严肃主题的报道中见到了青年人和各界群众活动的身影；借用网页形态下的稿件、图片，反映出青年人和各界群众的见解，回答了他们的疑问。浙江日报的这些报道通过浙江在线的转载，进入成百万的年轻人之中。浙江在线也由于报网互动参与了“永恒的长征”创意实践活动，从而把自己的触角伸入广大团员青年之中，并在与浙江日报的配合中，提升了自己作为浙江主要新闻网络的社会影响力。

（三）

围绕重大主题开展报网互动报道，这在双方还是第一次。在“摸着石头过河”的实践中，我们形成了一些初步认识。

认识之一：报网互动，是党报与群众交流互动，提高舆论引导力的十分重要的工作机制

——这是因为，报网互动为党报走进广大群众提供了通道。普通群众、新社会阶层及其他群体很少看党报，这是我们的一条“软肋”。要与群众交流互动，不进入他们之中，何来互动？特别是重大主题报道，希望引起全社会共同关注，形成强烈共鸣，就必须解决进入广大群众的通道问题。

——这还因为，报网互动为党报组织民主讨论提供了让群众充分发表见解的合适平台。新时期社会心理的特点是，获取信息、发表见解、参与讨论，愈益具有私密性、自主性、选择性。新闻网站较为适应这样的社会心理，而且，网站对错误见解的删除管理也较为方便。党报不适合较多地采用私密性发布信息的办法，因为那不符合平面媒体读者的习惯，党报也难以做到对即时出现的错误信息及时清除，因此，无论从适应网民发言习惯和便于自己管理哪一方面看，党报在反映群众意见方面应该同新闻网站有层次上的分工。但是，既然要组织民主讨论，就需要有合作伙伴为主承担让群众在遵守规则前提下广泛发表见解的职能，新闻网站是党报这方面合适的伙伴。

浙江日報
ZHEJIANG DAILY
中共浙江省委机关报

胡锦涛在会见美国国务卿时强调
愿与有关各方共同努力 争取早日重启六方会谈

首都隆重举行《长征颂》大型演唱会
纪念红军长征胜利七十周年

省委常委会三季度经济形势分析会强调
不断巩固和发展当前的大好形势
省委书记习近平主持会议

省政府召开第80次常务会议

追踪长征

走近长征的激情创意

社会和谐是中国特色社会主义的本质属性

杭州西溪湿地保护将凸现八大亮点

永恒的长征 永久的感动 永远的传承

——这更因为，报网互动为党报在群众性讨论中促进形成共识提供了有效载体。这一载体就是报网互动论坛和嘉宾访谈。互动论坛和嘉宾访谈的实质，是网络对话形态下的民主讨论，是媒体通过网络对话参与民主讨论、实现引导的一种形式。在网络对话中党报通过嘉宾见解体现自己的意图，并在嘉宾与网民的对话讨论中，发现与党报意见一致的群众见解，推动多数人认同这种见解，使之成为主流见解。固然，党报也可以在报纸版面上组织与群众的对话讨论，但党报不具备新闻网站瞬间集纳海量信息的手段，因而，也难以做到同时面对海量受众展开群众性大讨论。这就决定了党报在组织群众性民主讨论时，必须联手新闻网站。

认识之二：报网互动，为党报向贴近群众方向转型，提供了倒逼机制

——它逼着我们转变办报理念和报道思路。正是在“永恒的长征”报道过程中，“在同群众交流互动中促进形成共识”、“群众自主参与”、“尊重差异、包容多样”等等理念在我们队伍中由陌生到开始了解、有所思考。

我们在改变某些过去习惯的做法。譬如，为了引导民主讨论，浙江日报必须适当反映对于长征的各种见解。这当中，既包含我们一贯刊登的“正面”见解，也要适当刊登有疑虑甚至有不同意见的见解。在第三次互动论坛直播时，一位青年网民跟帖说：“一个民族忘记过去是没有希望的。但现在有不少的党员已忘了过去的艰辛。是否应该让某些身居高位的人也重说长征呢？”用不用这条跟帖？开始有顾虑。因为这段话中提到让“某些身居高位的人”重说长征。按照惯例，这样的见解是不能上党报的。但研究后我们认为，应该刊登。因为，一是这条帖子也是赞成弘扬长征精神的，只是作者对当下的腐败问题不满，提出的“设问”也不是否定一切的，导向上不能说有问题；二是这一跟帖属于赞同大前提下的小“不同”，既然讲尊重差异，包容多样，求大同存小异，那就应该允许发表；三是在刊登这条跟帖的同时，我们在该“网友跟帖”栏目中同时刊发 26 条肯定性见解，并在有关当天报网互动论坛

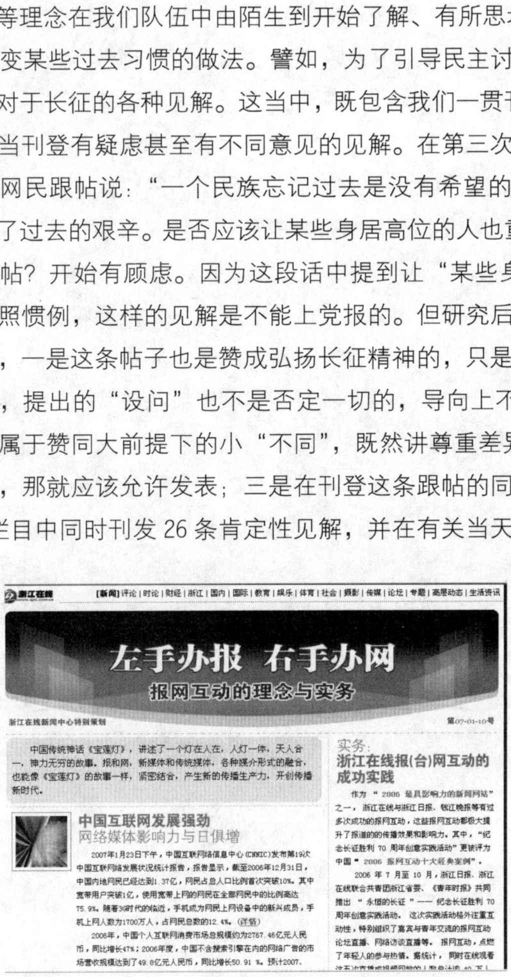

综合报道中对于弘扬长征精神作了正确引导，因此，在“度”的把握上是较稳妥的，不必担心这样的处理会带来不妥。

这一次对上述跟帖的处理，对浙江日报是初学的一步。但，这是表明浙江日报支持民主讨论的必要一步，也是表明浙江日报认真贯彻在同群众交流互动中促进形成共识方针的必要一步。正因为有了这一步，编辑、记者的思路打开了，浙江日报在以后的其他报网互动报道中，在处理好求同与存异关系方面，逐渐探索出更为科学的方法。

——它逼着我们研究新的引导办法。怎样既坚持正确导向，又推动交流互动？关键是要学会在尊重差异、包容多样的民主讨论过程中体现正确导向，引导群众形成正面共识。从这次“永恒的长征”创意实践活动过程看，必须始终注意把握正确导向，一丝不苟抓引导。我们讲尊重差异，包容多样，决不是放弃引导，更不是放弃把关。坚持四项基本原则、维护社会稳定，是须臾不可忽视的根本界限。在此前提下，整个民主讨论，是在媒体意见引导下广泛引发见解，又在广泛引发见解基础上步步深入地给予引导，求大同存小异，得出正面共识 。

这种引导要体现在报道基调的鲜明上，特别是要体现在网络对话的把握上。要学会确定对话主题，善于与嘉宾沟通媒体意图，通过嘉宾见解体现媒体意见；要善于让群众在多种观点的比较中自我教育、正确选择，还要善于在群众的多种观点中发现与媒体意见一致的观点，促使其成为主流见解。正面共识的形成会有一个过程。对于群众的疑虑不应回避，要善于运用事实正面予以分析，或通过介绍群众中的正面观点引导持不同见解群众思考。要养成求大同存小异的价值评判标准，不要追求“绝对一致”的效果。对于重大政治原则问题，必须最大限度地求得统一，对于某些具体问题，应分别不同层次求同存异。

在报网互动中推进民主讨论，促进形成共识，这是新时期提高舆论引导力的重要机制，浙江日报、浙江在线一定要继续探索，学习更好地运用这一法宝。

一次动态新闻生产与管理的试验

□南方日报两会报道小组

快速阅听时代，传统的新闻耕作方式，在新媒体技术影响下，不断更替锐变，促成内容生产理念的演进。南方报业传媒集团在 2007 年全国“两会”期间实施“报网联动”传播策略，以创新编辑部为核心，进行了卓有成效的动态新闻生产与管理的试验，受到了读者的热忱欢迎以及宣传主管领导的高度肯定。

报网互动不是什么新鲜名词，近两年来，国内的很多报纸都进行了尝试。但这一次报网双方把新闻手段调用得这么足，而且能从省两会、全国两会这个平台中挖掘出这么深厚的新闻资源，这在广东的报业传媒操作中还是走得比较前的。

NANFANG DAILY 南方日報

乡村豆腐节狂欢祈好运　冷空气驾到降温又降雨　美国五年内将造出新型核弹　“卡西尼”发回土星全貌照片

促进科学发展　共建和谐中国

全国政协十届五次会议在京开幕

胡锦涛吴邦国温家宝曾庆红吴官正李长春罗干到会祝贺

贾庆林作常委会工作报告　黄孟复作提案工作报告　王忠禹主持

最快一年半时间内引渡高山

假冒军车一年逃路费逾亿元

广东全民医保指日可待

人大五次会议广东代表团成立

广州马路摊贩开禁可行性大

新税法将使企业增一成利润

高校将降低必修课比例

广州启动“迎亚运”全民行动

妙股所得继续免征个税

肇事逃逸司机深圳落网

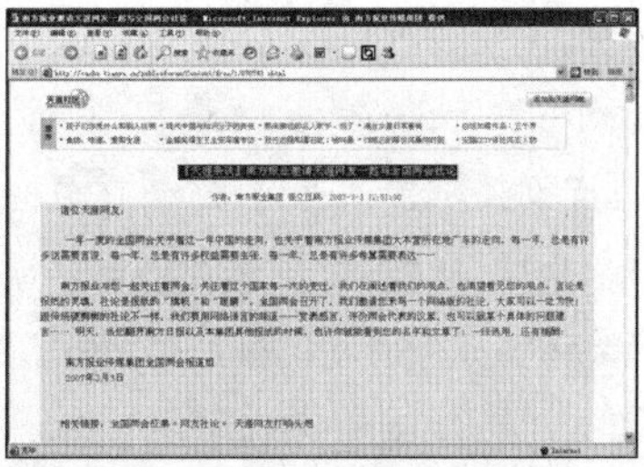

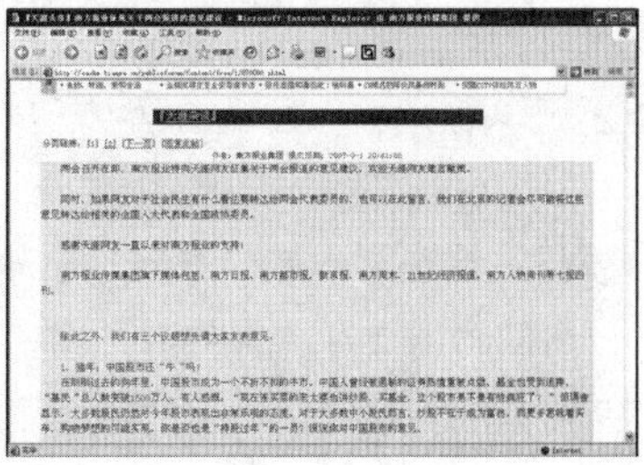

一、邀请高端嘉宾，开创了广东官员敢于面对网民，透明、开放执政的风气，打造创新型的“民情通道”

在省两会到全国两会召开的过程中，我们邀请了30多位嘉宾走进了南方网直播室，其中省领导有雷于蓝、宋海，地市党政一把手就有近10位。这些嘉宾的到位，形成了省委机关报报网互动的核心竞争力，成为独家报道的重要输出通道。可以说，在广东，网友们如此集中地与代表、委员或高官直接对话，形成了一股这样风气，在此前是非常少见的。

作为省委机关报，各级党政干部、公务员是我们主要的读者。一个栏目能够引起他们这么大关注并且来“追逐”，这就是一种成功。

为什么报网互动能够受欢迎?

第一，通过网民，激发了草根阶层的政治智慧。这种对话比记者采访更有价值，更吸引读者。比如，河源有一位网友提出，有一个阿婆每次坐公车都错过了站，就是因为听不懂普通话，建议能否“双语报站”？书记马上给予了答复。比如，东莞市民算了一笔禁摩之后每月交通费用清单，问书记如何解决公交费用？这些问题充满贴近性和人情味。

第二，作为党政官员，如果在两会期间，接受记者正儿八经的采访，有点“作秀”之嫌。但走进直播室，与网友互动，就是“听民意，亲近百姓”的行为。

网络的互动性大大强于其他媒介。比如，请代表来听电话，那是“一对一”。而网络则是“一对多”，在直播中还可以实现观点碰撞等，官员们可以真诚地袒露情怀。梅州市委书记刘日知说自己是梅子，梅州之子。河源市委书记梁伟发又被网友们称为“发哥”,发哥一走出演播室就根据网友提供线索，抓赌！“雷厉风行、踏石有痕”作风深入人心。江门市长王南健来自内蒙古，坚持天天冬泳，被我们包装成了“蒙南”市长。

这种报道方式，一下子拉近了这些地方大员与普罗大众的距离，为他们塑造了非常良好的政治形象。

第三，这些党政要员嘉宾中，掌握大量政策信息，本身就是新闻富矿。他们或者回应网友评论，或者透露执政举措，或者进行观点交锋，不仅延伸了“两会”的议政空间，也汇聚了异常丰富的新闻资源。比如副省长宋海畅谈教育热点，取消高考=剥夺底层人士上大学机会，择校费是达到公平的一种手段，观点之新令人感慨;《东莞将开全国先河为外来工建廉租房》是东莞市委书记与网友聊天“走漏”的独家“猛料”。

这次报网互动，最大的成功不仅仅是借助了新媒介，而是通过新媒介进一步盘活了传统资源优势，在我们最核心的高端读者群中，巩固了报纸改版成果,增强了他们对南方日报的信心与认同。而我们打造的这一创新型的“民情通道”，也自然成为了广东公民议政的开放平台。

二、聚焦网事焦点，进行“新闻深加工”，形成核心竞争力

从一开始搞报网互动，我们就一直在想，一张报加上一张网，这些资源，其他的报业集团也有，只要人家想要复制，马上就可以复制，我们凭什么立足?

我们觉得要打造这个核心竞争力，就不能简单地收集、复制、对碰网上言论，而必须紧跟“网事焦点”，进行“新闻深加工”。

比如,3月5日起刊出的“盲人发帖求助张海迪”系列报道,最早源自“盲人网友求助张海迪委员”这一网上小事件，编辑部“网监”人员发现后，安排记者即时跟进。通过网站技术人员，记者在当天晚上12点多最终联系采访了当事人刘志伟。

第二天，又找到政协委员张海迪，便有了《海迪姐姐回应盲人网友：请放心》的突破性图文报道，同时注意前后方联动，并请广州记者采访了省盲人协会，还请广东团人大代表同时进行呼吁。

随后我们又从盲道问题转入盲人“上网验证码”问题，在采访了五大新闻网负责人后,《五网站：愿改进验证码方便盲人》的“深加工产品”由此出炉。现在上新浪网的博客,已经可以发现,多了五个字——“收听验证码”,多年困扰盲人的难题终于解决了。这让人感到非常振奋。

像这样的案例还有几个,比如《油价降了,为何打车还要多给1元》、《网友叹问:明天谁还会讲方言 委员回应:建立方言语音全库》，网友的质问很快通过我们的采访得到答复。

联动两会会场内外，顺藤摸瓜深入调查，进行新闻深加工，效果不同凡响。从几个网站的十多万网友评论和浏览来看，公众的卷入程度十分深入。由此可见，记者不能只守住一线现场，同时要关注广阔的网络舆情，与编辑部呼应，随时出击深入追访。

事实上，在日常采访中，我们各个线条都应更加注重网上的新闻线索，及时跟进采访，进行新闻深加工。

三、跟着两会热点走，打造“新式编辑部”，增强报网互动的新闻性

两会总是会形成很多热点，如果脱离了这些热点，报网互动就不可能贴近。

本次“两会”报道的“报网互动”运作，亮点还在于创造了一个让新闻当事人、阅听人和记者三方都深入参与新闻热点的“新式编辑部”。

传统的编辑部多是静态的、定式的机构设置，由于远离事件现场，触角有限，对新闻点的捕捉就显得迟钝。传统编辑部的记者之间、记者与编辑之间契合度不高，联动很少。而作为新闻效果检验者的受众，更是无法参与编辑部的新闻生产。不仅如此，传统编辑部对新闻当事人的汇聚能力更是薄弱。

所谓的“新式编辑部”是相对于传统编辑部而言的。它是一个综合性的传媒生产“车间”，在本次两会报道中，即体现为南方报业传媒集团的以“报网互动”为核心的临时外派采编组织。

A08 全国两会 网尽两会

本报连续两天报道得到各方回应——

五网站：愿改进验证码方便盲人

天涯社区主编宋铮：要做到互联网无盲区

腾讯网总编辑陈菊红：最快速度地解决

新浪总编辑陈彤：马上叫技术部门加紧研究

南方网负责人：确保安全同时考虑盲人便利

奥一网负责人：将推出失明人士登录系统

中科院计算技术研究所所长、中国工程院院士李国杰：让盲人“看懂”验证码非难事

和平

“缺德”盲道牵动广东团驻地 代表当天提笔写建议

张海迪李宝库等回应本报报道，商讨解决“盲道”与“验证码”问题

敬一丹：我会在《东方时空》呼吁

央视主持人敬一丹对事件很关心。

张海迪：理解网友迫切心情

敬一丹：手机短信也应考虑方便盲人

李宝库：应立《无障碍建设法》

播客传真

在这个两会期间，我们注意到一个有趣的新闻现象——同样是全国政协委员，广州“祈福”和“星河湾”老板在广州楼价上意见完全相悖。以下这个帖子在网上热得发烫——

全国政协委员、祈福集团董事长彭磷基说，我判断，广州、珠三角城市五年之后，应该找不到比 1 万元 / 平方米更便宜的房。

全国政协委员、广州“星河湾”楼盘老板黄文仔说，老百姓已经不堪房价重负，如果再升，长远来说对开发商和老百姓都不好。今年以广州为代表的珠三角房价会保持稳定，不会再涨。

房价应该由谁来调控？未来广东的房价走势如何？我们立即邀请了彭磷基、黄文仔来到北京直播室，与网友在线交流。

这样跟着“热点”走，打造“新式编辑部”的做法贯串了本次全国两会报网互动全过程。比如，物权法的通过大家非常关注，我们在北京找了专家进行解读，这成了我们难得的自选动作；温总理政府工作报告出炉，我们立即找了原国务院发展研究中心主任陆百甫、省委政策研究室主任关则文进行解读；李肇星外长新闻发布会一结束，我们又请了两位国际问题专家进行分析；3 月 8 日妇女节那天，还邀请副省长雷于蓝、格力总裁董明珠、少数民族代表杨月梅，“只谈女性话题不谈工作”，把报道做得有人情味。

“新式编辑部”还注重动态新闻管理，发挥网友积极性，网友针对两会热点话题的精辟论述，通过编辑部快速与受众“见面”。“我为两会写社论”就是我们重点烹调的一道佳肴。

“我为两会写社论”是在省两会期间，我们在碰撞的时候，陈广腾社委爆出来的一个好点子。南方报业把这种开放、大胆的风潮从广东吹向全国，效果很好。我们这种做法，在全国媒体中是绝无仅有的。见报当天，新华网在首页头条下位置，重点推荐了这组“网友社论”。

与此同时，南方网、奥一网、腾讯网、天涯网，都在非常显要的位置，挂出了“南方报业邀请全国网友为两会写社论”的标题，反响很大。有网友评价，这是一个大胆的极富想像力的创意，无论“社论”是否能被采用，都说明大家已经真正开始把网民作为互联网的主人，尊重互联网民意。这为南方报业在新媒体受众中赢得了尊重和声誉。

NANFANG DAILY 南方日报

青藏基燃炸油添加"滤油粉"

马王配集理大选 油六成民众支持

国际油价下降 油站促销渐起

人民币持续升值 银行业损失惨重

中国球员首次首发欧冠联赛

全国人大会议举行第二次全体会议

物权法草案 企业所得税法草案 提请审议

北京奥运开幕式门票最贵5000元

李长春致电慰问广东女代表

下届泛珠论坛广西欲当东道主

本田变速箱实现国产化

下届全国人大代表明年1月选出 总名额不变

首次规定应有农民工代表

公私物权受平等保护

业主有权更换物管

企业所得税统一为25%

网友畅谈女性话题

南方报业直播室来了宣传部长

美发动伊战 致死65.5万伊拉克人

02 全国两会 焦点关注

最快一年半时间可引渡高山

两会务实民主新风劲吹

假冒军车一年逃路费逾1亿元

在春雨中走来

农村警务区也要24小时巡逻

附一：记者体会

通过报网互动伸长新闻生产链条

“报网联动”是“两会”特别报道中的一道“配菜”，但也是报业新闻生产管理的创新实验。

在过去的两年，关于纸质媒体冬天是不是来了的争论很多。很多报纸传媒甚至试图以报业内容联盟，对网站进行“重新要价”。但我们认为，提高转载价格并非报业利润的长久增长点所在。

在报网互动的运作中我们发现，报业的核心竞争力依然是庞大新闻资源和内容生产能力。但纸质媒体本身可以开发的产品空间却越来狭窄，纸质媒体的时效性、互动性、形象性远不及网络，报业传媒资源链条越来越短促。

因此，报业传媒集团改革，关键环节在于伸长新闻生产链条，要打造一个有广泛影响力的报业传媒自身的新闻网，逐步让其他依赖转载的门户网站“断奶”，并同时加快手机报纸的发展。

这样一来，以后将会出现“超级编辑部”，报业内容资源优势可在集团内部实现“良性循环”。报与报之间进行共享，报与网之间进行共享，报纸的记者同时也是网站的记者，比如昨晚写出的今天见报新闻中，某场火灾死去 15 人，今天增加了 1 人。这新闻就可以在网站上补充，并发送到手机报纸里去。记者发这个稿件，照样有稿费。

事实上，这样的编辑部在国外已经有了雏形。美国佛罗里达州坦帕市 (Tampa) 的“媒体综合集团”(Media General) 将它旗下的报纸（坦帕论坛报，Tampa Tribune）、电视台 (WFLA-TV) 和互联网站（坦帕湾网站，Tampa Bay Online）全部集中在同一个建筑物中，在同一屋檐下，一个专为多媒体作业设计的新闻室中。各种媒体的采访人员互相配合、协调，合作采访新闻，共享新闻，甚至由同一名记者同时采访报纸和电视新闻，以及电子版的实时新闻。坦帕的新闻中心是由《坦帕论坛报》、坦帕电视 8 频道和 www.TBO.com 新闻网站组成。这 3 家媒体同属于 Media General 公司，有各自独立的人员、办公区域和运作机制，但实行资源共享。设有一个突发新闻指挥台，能在第一时间将突发新闻传递给分布在其四周的 3 家媒体，并有专人指挥、协调对新闻的采访。

与此同时，今后还可能出现“超级广告部”、“超级发行公司”，突破报网的界限，实施利益分成，逐步进行整合、包装、售卖，以此延伸报业传媒集团的价值增长链。

总之，打造一个优秀的新闻网站，处理好各系列报之间竞争合作关系与利益协调，实现报与网两种媒介的优势互补，这才是真正的报网互动。

（胡键 麦尚文）

附二：编辑心得

版面原则——尊重并张扬网络精神

在编辑过程中，始终保持对网络、网民的一种平视和尊重，而不是高高在上的俯视，为网民的每个思想智慧闪光而惊喜，即使这种智慧有时候并不是非常完备的，甚至是存在缺陷的。只有这样，才能在网上淘到好东西。

这一原则，在版面上的体现是，注意网友署名，并在制作标题的时候或者行文中，透露一种赞许的态度。对一些网民常用的词汇，即使不是特别“正规”，也作保留，让整个版从细节上都保存着网络味。

“在线编辑部” ——寻找更精彩的

除了前方记者供稿，编辑要经常上网“淘”东西来放在版上，做到“在线”状态。这需要对每天的两会相关网站做一个完整的搜罗。即使很多网站都有“代表委员精彩话语”这个栏目，但是我们尽量不照搬，而是寻找更精彩的。

这同时需要迅速反应的能力，比如田亮、“国山”和巩俐等几个观点 PK，就是责编在网上发现“苗头”后，马上做成话题，收集网民意见，并请前方特派评论员配发时评。

线上线下策划——不满足于事件报道

本次比较成功的盲人求助张海迪的报道就是一个案例。编辑和记者在网上看到“冒出来”的帖子后，除了报道帖子，还多一门心思，争取做相关采访，并作了几天的追踪。作为编辑，本身就有策划的功能，在网络中，经常有很多事件冒出来，如果只满足于事件的报道，那只能是浅层次的互动甚至是一种伪互动。

只有开动脑筋，争取做线上线下的策划，才能做大，也才能真正为网民传递声音，这才是真正的互动。在这个过程中，记者当然要在前方冲锋陷阵，而编辑需要冷静和活跃的思考，自己的版面要什么，报道还有什么样的可能性可以发展等等，做一个积极的编辑。

必要的把关——保持某种超然的冷静

前文提到，必须尊重网络语言风格，尽量保持原汁原味，但是这并不代表着把网上的所有东西都搬上去。网上的人敢说，猛料多，但是编辑应该超越那种见到猛料就乱了方寸的境界。

其实，网上很多看似很凶猛的文字，内部是非常虚弱的。真理的表述往往是平实的，越是激越、漂亮的表述，越会不严谨，何况网上很多东西都是几十分钟内搞出来的东西，里面必定有很多不着边际的东西。比如有网友呼吁设立赌博法，在论证的时候竟然设定中国有 8 亿人赌博；有些网友拼命呼吁某种措施，事实上这种措施早就实施了。

如果把这些东西都放上去，很容易让报纸出丑，更何况还有很多政治问题要把关呢！对互联网，编辑也要像对其他一切事物一样，保持某种超然的冷静。

（杨智昌）

报网互动，实现传播效果增益

□徐 辉

2007年全国两会的报道，各个媒体都使尽了招数。每逢重大事件发生，都会触发媒体对发展与经营的探索，南方报业此次军团作战联合报道全国两会，给集团内部合作搭建了一个比较便利的平台。南方日报、南方网则利用这样一个平台进行了一次比较成功的报网互动，而在成功报网互动背后也突显了报网合作的多重困境。

报网互动的核心是内容

2006年起，中国新闻网站发展史上有了一个新名词，那就是“报网互动”。以“报网互动”为主题的策划时常出现在传媒人的眼球。不同的媒体之间有着不同的报网互动，那么报网互动的核心是什么，是什么促使报网互动起来？我所理解的报网互动是彼此优势的互相利用，扬长避短，搭建一个新闻发布平台，各取所需。

南方新闻网的核心竞争力在于是政府背景的网站，同时拥有南方报业传媒集团背景，拥有权威的网络新闻发布权，拥有符合网络江湖规则的高度互动，拥有多种表现形式的网络报道。生猛而不失理性的网民，图文并茂的网络直播，各种消息的快速反馈，受众阅读直观快捷、不受地域限制，这些都是纸媒体所不能企及的，是纸媒选择网络联动的理由。南方日报是省委机关报，他的视角相对高端，多年积累的新闻资本是新兴的网络媒体望洋兴叹的，更重要的是报纸采编队伍的强大阵容更把网络媒体少之又少的记者、编辑比下来。

报纸需要网络鲜活的信息、高度的互动、快捷的传播；网络需要平面媒体对网民关注事件的跟进与高端解读。二者在合作内容上一拍即合。事实上，网站和报纸，在利用各自本来的途径和手段进行有效传播的基础上，通过互动，实现第二种途径的传播，弥补了原先网络和报纸单独传播的不足，不仅大大增加了各自的传播效果，而且在紧密合作中，形成了广东新闻传播的一个整体声音。

南方日报与南方网的报网互动试水是在 2007 广东省两会。由于网络媒体采访队伍的薄弱，而网民对两会反响比较大，我们需要对论坛上网民的问题进行梳理与回应。合作的第一站就是2月2日南方日报编发的《两会网民最牵挂 开门七件烦恼事》一文，并配发了记者点评。见报后网民反应积极热烈，两家媒体，一步一步试水，一步一步探索，寻找合作的内容与表现形式，于是出现了两会直播室，出现了我为两会写社论等等栏目。

到全国两会时，这种内容互补互需的合作已经基本成型，形成了比较一致的理念：报网互动，报道两会，解读两会，上传下达，将两会开到网上，让网民走进两会。报纸和网络同时开通互动栏目“网尽两会”，同时在北京开设南方报业传媒集团全国两会报道嘉宾访谈直播室。通过四个主题策划来展现报网互动的精髓：

主题策划一：两会热点嘉宾在线解读

就两会重要议题，热门话题，网民关心的热点，南方报业军团作战，南方日报利用多年的资本积累约请了雷于蓝副省长、宋海副省长、省委宣传部长林雄、中国人民大学行政管理学系主任毛寿龙、三农问题专家温铁军等24位相关人大代表、委员、专家，组织了13场嘉宾访谈与网民共同探讨。基本形成了网友提问、专家答疑、在线直播、权威报道、受众（读者与网民）反馈、媒体及时回应的这样一条操作模式。

主题策划二：我为两会写社论

网络评论不同于传统的纸媒体评论。网络评论相当热辣，但是这样的评论却深得网民的喜爱。如《我要一份看得懂的政府工作报告》、《请温总理上网回答网民问题》等等可以说影响全国。网络评论登上日报的大雅之堂，这给许多网民以新鲜刺激，而对于报纸的固定受众，猛见这样的评论，也犹如吃了一顿川菜，酣畅淋漓。但是，不可否认，也有许多人不喜欢川菜，如何顶住压力，报纸与网络两种表现形式的媒体如何接轨，都只能是逐步的探索。同时，由于我国网络媒体的现状普遍是优先转载纸媒体内容，网评反过来在报纸上的刊用，无疑扩大了传播效果，这也使得受地域限制的报纸通过网络把声音传得更远。

主题策划三：网络提案进两会

两会专版论坛“网尽两会”开通后，举行了征集两会网络提案、热点调

全国两会 盛会前奏

代表委员带着沉甸甸的民意进京

盼居者有其屋 望农村展新颜 期廉政纾民患 愿物权得保障

"镇王"提议案锁定就业与和谐

村长代表揣两建议上京

郑筱萸等人落马警钟余响不绝

酝酿十三年物权法能否"定槌"

农民子女凭"教育券"免费"读走四方"?

总理,欢迎上网做客

控制房价反贪腐最受关注

50多年来首次公布代表团驻地

潮州产"胜利杯"两会前到位

查等形式的活动,网民积极响应,参与度很高。网民关注的话题如何得到回应?这就需要报纸的优势。记者就网民普遍关注的话题采访有关代表、委员、专家,甚至将他们请到直播室直接在线回答。网民的积极性得到空前的提高。如《广州网友呼吁代表、委员传递民声——油价降了,为何打车还要多给1元》、《两会网民最牵挂开门七件烦恼事》、《欠发达地区网友谏言难掩"发展紧迫感"》等。

主题策划四:记者两会手记

这个策划最终没有太成型,计划记者写手记,开博客,甚至邀请代表开博客等。但最终落地的却只有几个记者坚持了下来。他们写两会报道感想,两会评论等。在中期,我们通过与其他媒体的合作,邀请了集团外媒体记者的加入,使得这一主题策划最终在网络上成型。部分记者原创首发的感想评论几乎都被新华网、人民网等各大网络媒体转载。

报网互动的多重困境

网络与报纸一样,只是一种信息的承载方式。载体形态是纸质还是网络并不重要。内容永远是最重要的。然而,新闻传播是以一定形式的符号系统为中介的意义表达，不同的媒体使用不同或者部分相同的符号形式传播——印刷媒体以文字、图片为主，网络媒体则文字、声音、视频等符号系统兼集一身，以新闻信息的整合、重构和各种信息形态的相互转换，和受众高度互动，从而使宣传效果最大化。不同传播形式之间的联动，必然会因为各自表现形式的不同而带来合作困境。

困境一：报纸选中的话题能否互动

网民的构成和报纸读者的构成是有差异的，不同的受众必然导致有不同的兴奋点。所以在论坛互动应用上，必然存在分歧。由于目前报网互动上，网络相对处于弱势，所以在所有报网互动的总结上，很少看到有人注意这一块的问题。大多数情况是记者针对社会热点在网上发布讨论话题，吸引网民讨论，甚至希望网民沿着怎么样的方向去讨论。但是纸媒体关注的话题网民未必关注，纸媒体希望的发言未必看的见。这个时候由于网络媒体与纸媒体合作的迫切性，甚至会被迫使用马甲扮演网民来讨论，这完全违背了报网互动的初衷。同时这样的做法对网民也是一种伤害，甚至在带来影响的同时会失去一部分网民。

困境二：网民关注的话题报纸能否刊用能否跟踪报道

网络媒体最吸引纸媒体的核心必然是网络的高度互动。但是高度互动的结果是许多话题讨论方向的不可控制性，你不能左右网民的言论。报纸讲究的是在新闻中引导，而网络讲究的是在互动中引导，引导型新闻网民不感兴趣，高度互动的言论令纸媒体望而生畏。当网民对自己的言论登载到报纸上失去新鲜感的时候，如果不在网民关注的内容上取胜，网民必然产生兴趣疲劳。网络不同于报纸的是，受众不高兴你当天就能发现，你会看到你每时每刻的流量变化。网民并不一定有决定影响力的高度，引导型新闻未必能长时间吸引网民，两种表现形式差异产生的这种思维距离还需要找到契合点。

找好契合点是报网互动的根本。南方日报和南方网合作建立的基础就是因为南方网属于省委机关网，他的网民相对商业网络媒体比较理性，南方日报市场化改革比较早，他的包容性相对比其他党报强。这也是都市报、晚报类媒体频频与网络媒体联动，而鲜见党报与网络联动的原因之一。

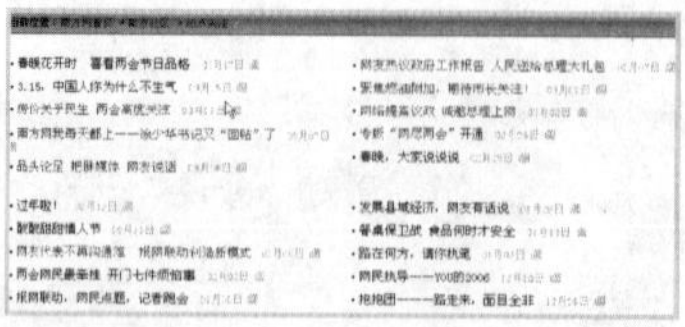

困境三：网络的优势是否会分流平面媒体的读者

在整个报网互动过程中，平面媒体似乎始终有个隐患，那就是觉得利用多年积累的资源邀请来的嘉宾进行网络在线直播，精心策划的活动，由于网络的快捷，内容上更完整，而报纸因版面等多方面原因只能选登部分，是否会分流读者去上网，是否会有其他媒体因为看到网络内容，来和我抢创意，抢新闻？我能明显地体会到这种担忧。从这个意义上说，报网互动还有很长的路要走。

困境四：联动脆弱而易碎，需要形成机制

国内报网互动都是处于试探阶段，根本没有成型的模式可以套。报网互动过程中每一个细节的问题都可能导致联动的失败。没有机制性保障，而人为性因素太多。可能因为一个网络编辑的疏忽和不配合而导致纸媒体的不愉快，甚至可能中断合作；也有可能由于纸媒体某个编辑的一个细节促使网络媒体感到心凉。配合需要默契，同时更需要机制保障。

机制保障有两个重要前提。一个是二者的地位，这里所说的不是划分势力范围，而是编辑记者们在实际操作中一定要有一个理念，那就是彼此平等地共同搭建一个新闻平台，彼此利用这个新闻平台互补互需，利益共享；第二个就是报网互动不光要在重大活动时搞，也要在日常报道中成为一种习惯，譬如《南方都市报》就形成了一个固定的栏目。

报网互动应该是媒体融合的一个前奏，后面还应该有网网互动、报（报纸）刊（杂志）网（网络）台（电视台）播（广播）机（手机）乃至更广的联动。这种联动要求形成机制，统一搭建新闻平台，打破壁垒，统一调度，各自发挥优势有特色的发布内容，不仅仅是报网通过差异化来建构自身的内在核心竞争体系，更要通过外在层面的生动化和人性化、技术化，来展示和延伸新闻产品的附加值和文化内涵上的情感效应，同时整合内外资源构建起高度统一和稳定的品牌优势。而网络，在这里扮演的角色必然因新闻传播的快捷，网上互动迅速而拥有自己的一席之地。

谈版权，网络也会很受伤

2005年10月，在南京举行的全国都市报研究会，起草并发布了一份全国报界应当联合起来应对网络媒体的《南京宣言》。2006年元旦前后，解放日报报业集团向全国其他38家报业集团发出了《发起全国报业内容联盟的倡议书》，呼吁“共同制定向网络媒体提供新闻内容的定价规范，提高网络转载的

2007全国两会调查：选出你最关注的热点，回帖写出你的网络提案

开始日期：2007年03月22日

总投票人数：49755　类型：多选

选项	人数	百分比	图示
反腐，严惩贪官；	5119	10.29	
反对“台独”，维护祖国统一；	3651	7.34	
稳定、控制房价，让居者有其屋；	5088	10.23	
建立健全医疗保障体系，解决看病难看病贵；	4250	8.54	
促进就业，破解就业难；	1750	3.52	
关注安全生产，减少矿难等生产安全事故；	875	1.76	
构建合理有序的收入分配格局，缩小贫富差距；	2815	5.66	
打击违法犯罪，维护社会治安；	2841	5.71	
加强食品药品卫生监管，保障食品药品安全；	2587	5.20	
加快完善社会保障体系，保障公民生存和发展	2282	4.59	
加强环[illegible]，治理环境污染；	1412	2.84	
关注社会公平，解决乙肝就业歧视等问题；	1143	2.30	
保护公私财产，关注物权法出台；	2246	4.51	
深化国有企业改革，防止国有资产流失；	1687	3.39	
关注垄断国企福利偏高；	2002	4.02	
推进社会主义新农村建设，关注“三农”问题；	1410	2.83	
鼓励合理商业竞争，打破行业垄断；	1130	2.27	
关注工资体制改革，健全按劳分配制度；	1690	3.40	
关注教育资源分配不公，解决农民工子弟上学难；	2559	5.14	
杜绝教育乱收费，切实减免义务教育学费杂费；	3431	6.90	

门槛，捍卫自己的知识产权，让新闻内容回归应有的价值”。版权之争，蛋糕切分，让网络媒体似乎留下了小偷的形象。许多平面媒体甚至发出了“网络很无耻，报纸很受伤”的感慨，还有一些总编辑甚至提出要联合起来封杀门户。

网络似乎在抢食报纸的蛋糕，但能拯救报纸的也是网络。如果谈版权，谈廉价，谈受伤，网络也有资格来谈，并且理直气壮。有多少记者泡在网络论坛上选题，我想这每个记者心中都有数；有多少新闻引用网友的言论不署名每个编辑心中也有数，至于稿酬，更无从谈起。在两会新闻大战中，网络的特色——网络直播、网络互动、网民帖文被平面媒体引用或者直接编发新闻大概也不计其数了。譬如我们报网互动的13场直播内容和我们的网民言论，被诸多同城乃至全国的媒体拿去做新闻而似乎均未得到我们的授权。

网络媒体的出现，是人类传播技术革命性的转折。不可否认，互联网对传统的纸质媒体正在形成冲击。但这并不是报纸的丧钟，而是要引起从业者对报业前途的思索。当网络这种更先进便捷的媒介出现后，网络与报纸一样，只是一种信息的承载方式，而不应是一个联盟对另外一个联盟的对决，更不需切分蛋糕，而是要联合起来把蛋糕做大。载体形态是纸质还是网络并不重要，走多媒体联动，做出适合各自分众需求的内容才是最重要的。

结语：报网互动是对一端融合和另一端的宽容

在传统的媒体当中，网络似乎一直是作为传统媒体的配置，与此同时网络也在寻找自身的位置。现在的网络离“主流”还有多远？从默默无闻到现在有强大的影响力，互联网正在成为主流。报纸有报纸的发展规律，互联网有互联网的生存方式。如何进行报网互动需要一种创新，创新是对一端融合和另一端的宽容，不能一直强调标准化思维模式。当然一种宽容的、宽待的社会氛围是我们创新的重要保证，无论是在我们的媒介内部，还是在我们的社会各方面都要有更多的宽容度。每一个传媒人都在数字时代下进行报网互动的实践探索，南方网与南方日报这样合作，就是在创造媒体的明天。

（作者单位：南方新闻网）

从奥一网两会报道看报网互动

□郑小敏

2007年1月中旬，距离广东省两会召开还有半个月，奥一网两会报道牵头人蓝云便策划出“有话问省长”的互动草案。“有话问市长”是去年奥一网在深圳两会期间率先“试水”的栏目。该栏目主要是根据网络互动迅捷的特点，加上报纸权威性的优势而所设。

两天后，南方日报和奥一网人员拍板定下了“报网互动”的主要栏目：两会前夕“网友最牵挂的七件闹心事”网络调查、网民点题、网民回应以及网友为两会写社论。而奥一网也将互动栏目调整为“有话问省领导”，继续收集民情民意，为报纸提供民生问题的素材。

附：2007年广东省两会，奥一网和南方日报、南方都市报互动案例

合作纸媒	南方日报	南方都市报
报网调查	《网友最牵挂的七件闹心事》、《报网互动的调查》	《网友最关注的“开门七件事”》
网友声音／话题	《网友关于火车票实名制的辩论》、《本报追击“黑物管”网友力挺》、《明星代言医疗广告“冤”了谁》、《网友谈论“烂尾楼”和火灾隐患》、《网友关注高校改革》	《网友谈论“择校费”》等
网友回应／社论	《读陈绍基同志‘尸位素餐’一说有感》、《盘点两会 意犹未尽》	
网友代表委员面对面在线交流沟通	《代表连线网友唱和柴米油盐》	《代表委员听民意接热线》

南方都市報

网民希望跟总理网聊

广东一全国人大代表拟将此建议带到北京

湖南开来面包车广州酿祸

三名交警被撞身亡

高考填报志愿今年重大改革

上海社保大案九官员被双开

2007年全国两会

网民吁请总理网聊

广东籍委员大队人马抵京

罚开发商囤房炒房不合法?

如火如荼的“有话问总理”

2007 年 3 月，春暖大地。一年一度的全国两会召开，南方报业传媒集团以强大阵容，五报两刊两网联合兵发京华。奥一网按照“有话问 **”的理念，策划出“有话问总理”的互动方案。

该栏目在 3 月 1 日开始预热时，广州一大学老师的帖子“邀请总理在网上跟网友聊聊”引发首轮高潮。他在贴中殷切盼望“请总理在两会期间到网上来，在线和全世界的华人网民聊聊天，以及海内外关心中国建设的国际友人，一起聊聊天，谈谈国事、家事，大小事”。这一贴子“一石激起千层浪”，网友纷纷发帖支持这个建议，20 多万人次点击浏览，2000 多跟帖。一位网友跟帖：“总理能上网和网民交流，这是对我国互联网业和广大与网络相关人群莫大的肯定和支持，我保证，在总理上网期间不乱说话，不偏激，不乱放炮。”还有的网友干脆就建议总理将招待会搬到网上开。

次日南方都市报头版头条对此事件展开报道，将“有话问总理”再推高潮。全国两会代表徐源远接受南方都市报记者田霜月采访时，认为这是未来打造亲民政府的发展方向，应允将这一建议带到北京，最终写入了她的议案。

在奥一网“有话问总理”的跟帖中，还涌现出了“广州球迷建议明年奥运期间全国人民放假”等精彩点子。

附：2007年全国两会奥一网与南方日报、南方都市报互动案例

网络事件	报纸体现
3月1日 奥一网网友大学老师吁请总理在线和网民聊天	3月2日 南方都市报《网民吁请总理网聊 网民发帖希望总理两会期间现身网络》
3月3日 奥一网友“广州球迷”呼吁奥运会放假	3月4日 南方都市报《奥一网友进言总理“奥运放假”》
3月4日 山东盲人朋友刘志伟向形同虚设的盲道以及网络验证码“开炮”	3月5日–3月8日 南方日报做了连续追踪报道《盲人网友求助张海迪委员》、《张海迪回应盲人网友》、《五网站回应愿改善网络验证码》
3月7日奥一网友黄锦成来信感谢南方日报和奥一网，写贴“东莞盲人谈盲道及验证码问题”	3月8日 南方日报全文登刊奥一网友黄锦成的感谢来信
3月5日 奥一网友写贴“路费花两三千 户口没迁成”，呼吁户籍改革	3月12日 南方日报刊登奥一网友“路费花两三千 户口没迁成”以及代表所提出的建议；3月12日 南方都市报《剥离附着于户口之上的利益 广东代表李力建议制定户籍法》
3月12日 奥一网友“双城记”提出“明星作托做医药广告”的问题	3月13日 南方都市报《明星做假广告应吃官司 政协委员建议修改〈广告法〉》

“盲人网友贴子”促进报网互动新突破

3月4日，山东盲人刘志伟在奥一网发贴，主题是“盲人向张海迪求援 取消盲道，取消网络验证码”。

当时，贴子刚出现便引得网友猛顶贴支持，各地网友直接把所见到、所拍到的不规范盲道或形同虚设的盲道贴上网上。各大网站纷纷转载，这一贴子引得网络“热闹非常”。奥一网和南方日报、南方都市报当天即互动沟通，策划推动该网络事件按步聚进行。

3月4日当晚第一步行动，奥一网辗转找到发贴者的联系方式，南方日报“报网互动”牵头人胡键深夜采访。3月5日，报网互动打出第一炮，南方日报刊登《盲人网友求助张海迪委员》一文，引起全国代表委员的关注。

第二步，报网人员全面撒网，致力要“逮”到张海迪委员。有的找到山东政协委员所住的五洲大酒店直接致电联系，有的通过多种关系找来张海迪的联系电话，可是这些都不管用。南方报业传媒集团特派记者蒲荔子在政协委员的会场上，直接“堵住”张海迪委员。当时疲惫不已的张海迪起初拒绝采访，但接过名片后，立即从桌面抽出报道此事的南方日报，很乐意接受采访，还当场给山东盲人刘志伟电话，让刘志伟放心。3月6日，南方日报推出第二篇追踪《张海迪回应盲人网友》，以传统媒体的权威性和客观性进一步扩大影响。这一贴子的出现，进一步推进报网互动，南方日报在当天的报道标题中称之为“报网互动新突破”。

奥一网和南方日报联手第三步即是“网尽网络”，解决盲人网友所反映的“网络验证码”问题。大伙再次分工合作，分头联络五大网站，五大网站爽快表态愿意改进这一问题。蒲荔子再次发挥“堵招”，把全国政协委员敬一丹采访到，她表示将在《东方时空》进行呼吁。而另一边厢全国人大代表李秉记也提笔写建议，帮助盲人反映民生的问题。3月7日，南方日报继而推出第三篇追踪《五网站回应愿改善网络验证码》、《敬一丹：我会在东方时空呼吁》及《代表当天提笔写建议》。

当这一网络事件在报网的推动下，已经得到较圆满的结局时，3月7日奥一网友、东莞盲人网友阿成发来感谢信，对奥一网和南方日报所作的一切表示感激。3月8日，南方日报全文刊登此感谢信，为“报网互动新突破”更添上完美的一笔。

（作者为奥一网报料频道首席编辑）

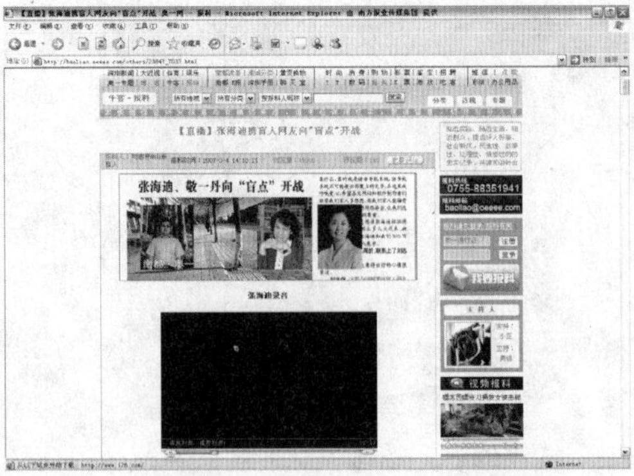

理想中的报网互动

□谭人玮

现在，南方报业有三个网站，南方网，南方报业网，奥一网。看上去很有点现代传媒集团的样子，但我想说的是，我们的网站对报业的资源利用还远不充分，互联网的优势没有开发充分，报网互动做得还不充分，与大网站的合作不够主动。与此同时，报纸上对网络新闻的呈现也有无序化、及时性不足等问题。

先说说网站存在的一些问题。

首先，内容不全。最基本的把报纸搬到网上的功能都未能完全实现。拿南都深度来说，这是南方都市报的一个标杆性栏目，但报业网上的特色栏目里，并没有把所有发表的深度对话作品收入，感觉是爱上不上。以 3 月为例，到 20 日，深度一共发了 13 篇报道，该栏目只登出两篇。同时，连南方都市报自己办的奥一网也没有做相关栏目，弄得深度的兄弟们只好自己想办法做

A16 深度　A17

黑矿主打死记　者案背后的利益链

媒体成为监督山西煤矿生产主要途径的　同时，也成为煤老板们用金钱攻克的对象

【惨死】

【安全文化调查员】

A32 网眼

Google Earth
竟用伪满洲国地图?

想标啥就标啥，没人监管

Google事先未审核

A32 网眼

深圳网友开博——我在深圳做私人侦探的日子

博客"直播"
调查第三者

一个被博客改变的故事

了个博客。后来因为敏感字太多还给网站封了。现在网上没有一个比较全地收录了深度作品的地方，连南都自己办的奥一网也没有。

其次，更新不及时。不能不说，如今看一条新闻的传播效果，各大网站转载率与放置的位置及跟帖评论是相当重要的一个指标。南方都市报的新闻稿件，除一些特例外，各网站都是通过报业网来获取。双休日不上班，上稿慢，都使其他新闻网站不能及时拿到南方都市报的稿件，结果同城媒体的报道就成了代表。

综上可以看到，我们集团对于报网互动，报与网都不甚积极主动。在南都开办网眼版之后，南都与奥一的互动有进步。奥一网的编辑会主动提供一些好的选题供记者操作，记者也会主动找他们要选题。比如笔者做的深圳私家侦探开博讲述自己的故事，就是奥一网提供的选题，并给采访提供了重要帮助。遗憾的是，奥一网也没有给网眼提供专门的栏目与反馈渠道。

从现有资源出发，我认为报网互动理想模式应该有两个层次。

一个层面是集团自己的报网互动，把现有资源用足用好。

网站要用足平面媒体的内容。报刊上可以再次开发利用的资源还是很多的，各种特色的专刊栏目很多，比如黄金楼市、广州旧闻之类，可以在网上做成很精美的专题网页，并形成历史存档，便于回顾查询。作为一个报纸网站，这是我们的优势。可以把报纸的优质品牌直接转化成网络上的内容品牌。

网站也应好好利用报社的采访资源。网络上的信息纷乱芜杂，真假难辨。记者的调查采访可以让报道更具公信力。拿前一段 “熊猫烧香” 作者现身奥一网来说，当时我写了稿，经过多方采访，基本否定了发帖人是真正的病毒作者。但奥一网自己的编辑也写了条稿，还做了专题，却倾向于认为这是真正的作者。他们没有全面采访导致了判断失误。

A32 网眼

发帖自称"熊猫烧香"作者的深圳网友接受采访，承认假冒

冒充病毒作者，纯粹为了好玩

"熊猫"只是无耻，谈不上技术

新"熊猫""干掉老"熊猫"

同时，报纸不应仅是纸上呈现，要把网络当成自己的发表新闻的另一种版面。新民晚报对网络题材的报道采取的方式比较可取。如果当天有版，则报网同上，如果当天没版，则发到新民网当成该网的独家新闻。我们的报纸同样可以采用这种发布模式。甚至我们可以把一般社会新闻同样处理，而不仅仅是网络上的新闻。很多平面媒体把因版面限制而不能充分展开的信息放到网上，吸引读者并充分利用已有的信息，效果明显。我们的记者拍摄了大量精彩的图片只能上一张，有些稿件上版后被删得只剩一小部分，这些都可以在网上发布，对报网都有好处。

A32 网眼

网友渴望安乐死 开博客呼唤立法

我想开一个画展，地摊上就好

同时，网络提供了便捷有效的采编与受众沟通平台。华盛顿邮报每月提供

5至6小时网上实时闲聊或其他谈话类节目，由华盛顿邮报记者、评论员和各类嘉宾与公众进行互动交流。还有一些新闻网站开设信箱、留言栏、网上调查、聊天室、记者博客和网民博客等，致力于拓宽与受众的沟通渠道。这些在我们的网站上已经开始了，但没有认真开展落实，效果也很一般。比如，奥一网给首席记者开了博客，却没有更新，甚至相当多一篇文章也没有。

报网互动的另一层面是我们的报纸与其他大网站的互动合作。

互动说白了就是互相利用，结果是双赢，没有谁吃了谁的问题。也不存在报纸吃亏的事。没有互联网，就没有我们报纸的全国性声誉，我们要把大网站当成合作伙伴而不是单纯的竞争对手。前面讲到我们网站更新不及时的问题，这对报纸本身是不利的，对更有效广泛地传播信息是不利的。

在南方都市报网眼版的操作中，我们得到了新浪、网易、天涯、猫扑等大网站的帮助，从找选题，到找人，都相当配合。可以说，没有他们的帮助，网眼版的操作将会相当困难。商业网站需要的是权威媒体对他们相关板块的肯定，需要传统媒体合力炒作某一话题。前不久我们写的瘫痪女孩要求安乐死立法一事，我们只提到了新浪博客，最初报料的新浪论坛没有在报道中出现，他们的编辑相当失望。这从一个侧面也体现出了我们对新媒体的影响力。

说到底，报网互动最理想的情况就是报网合一。网站真正成为一份报纸的一部分。

（作者为南方都市报网络新闻记者）

深入新闻生产上游
10万条报料反哺母报

——奥一网 · 南方都市报2006报网互动实录

□蓝 云

2006年12月26日晚20:26，台湾强震，粤闽居民普遍有震感。20:43，奥一网民发帖“深圳今天是否地震？楼晃动明显，坐在沙发上感觉到了震动”，半小时内有57名各地网友跟帖叙说相同感受。奥一网编辑立即致电深圳地震局、南方都市报深圳记者站，确认消息后将该帖上挂到首页头条。网站方面还将之通报给报社编辑部，同时得知，南都电话热线也收到近百条报料。22:21，网民“公民证”上传“深圳罗湖外语学校将上夜课的两千学生紧急疏散到操场”的突发图片，多方核实后，此图成为奥一首页主图，2分钟后，我们发现，网易新闻首页主图也选用该图。晚11点左右，南都编辑

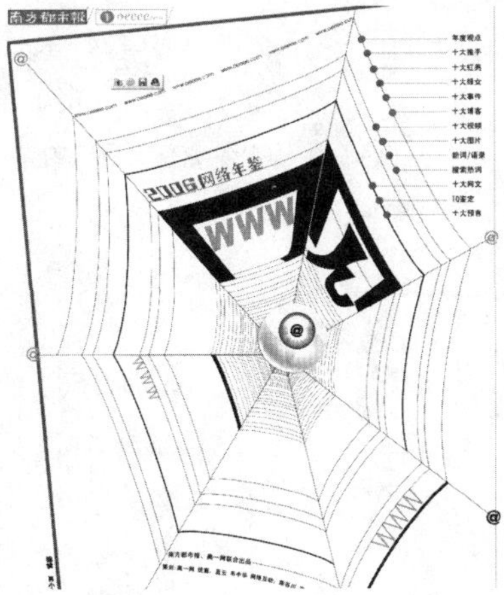

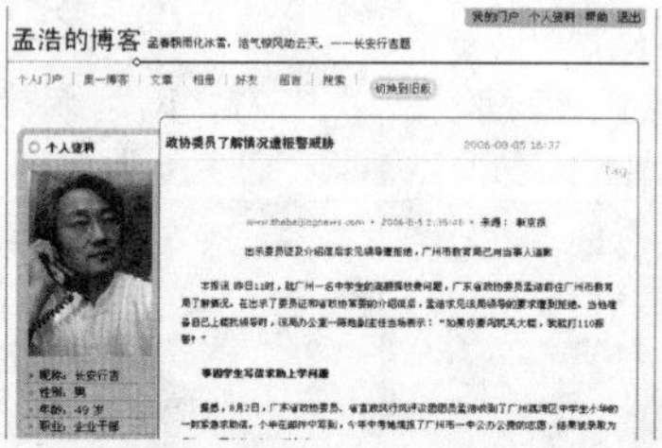

来电，要求奥一网提供“学生疏散图”。次日，“公民证”拍摄的图片在南都A03速览版3栏大幅见报，而奥一网的地震报料帖子12小时内有30多万人次点击，7000多条跟帖。

这只是近一年来奥一网与南方都市报充分、积极、有效报网互动，网民深入新闻生产上游、参与新闻制作的一个缩影。据初步统计，2006年总共有200多件发端于奥一网的新闻事件（人物或策划），成为南都的报道对象，见报总面积接近100个版，来源于奥一网的网络新闻素材正成为南方都市报克敌制胜的一大法宝。

新媒体时代，报纸网站不再只是将平面产品简单搬上网络的“搬运工”，还可成为母报海量新闻线索的收集者、社论观点的传输者、重大新闻事件策划的好帮手，报纸新闻生产链条被拉长，新闻价值得到提升。Web2.0时代，网民不再只是单纯的、被动的、机械的新闻接受者，网民还可能是资讯传播发起者、焦点话题制造者、见报新闻生产者。这些数字化特性在南方都市报系的报网互动实录中得到一一呈现。

一、奥一网上溯到新闻生产的上游，已经建立一个以报料频道为主，博客、论坛、非常男女、聊天室和新闻跟帖为辅的多维立体化报料体系，全年出产10万条新闻线索

奥一网是2006年3月16日正式改版、上线的，在这之前，南方都市报与各大门户网站均建立了密切合作关系，重要新闻成品均能迅速通过网络在更广泛的时空范围得到传播，效果显著。但这种合作是居于新闻下游的第一阶段合作，并未催生任何新的新闻附加值，新闻信息只是得到更大范围的传输，其核心——新闻内容不但未得到增加，而且还可能因为网络标题制作等人为原因使新闻信息在传输过程中失真，而给报纸带来不必要的麻烦。这种报网关系仅仅是“报网合作”，是“单动”，而非“互动”。另外，Web1.0时期的网络基于技术平台、新闻理念差距、网民集约度等客观原因限制，对报纸的反哺能力非常有限，“报网合作”的决定权一边倒的在传统媒体。

奥一网作为中国第一家Web2.0矩阵型新闻互动社区网站，她从诞生之日起便在全国率先倡导真正的报网互动理念，在新闻生产与传播的方式上做一些破冰式的探索，这种探索首先就是上溯到新闻生产的上游，在新闻线索上占据制高点，而不再只是在下游“被喂食”。

报料频道（http://baoliao.oeeee.com）是奥一网倾力打造的一个重点项目，网民可通过上传文字、图片、视频、音频等形式网络报料，后期还整合了手机报料，包括交通、食品、突发、民生投诉、家有喜事、宠物等11大类。该频道目前有活跃报料人100多人，主要集中在深圳、广州等珠三角区域，日均有效报料近100条。初期以民生投诉为主，现在逐步以重大突发事件、区域性民生话题为主，在地震、交通堵塞、煤气泄漏、公交车起火爆炸、火车全线急停、小区空气污染等事件上均第一时间有帖子上传。

奥一网已经建立一个以报料频道为主，博客、论坛、非常男女（大龄男女交友社区）、聊天室和新闻跟帖为辅的多维立体化报料体系，2006年全年共出产近10万条新闻线索。这些新闻线索均在第一时间内独家提供给南方都市报相关部门。在“线索为王”的平媒激烈竞争时期，来源于奥一网的网络新闻素材正成为母报开疆拓土的重要武器，奥一报料经记者采访加工后7次成为母报封面头条或主图，200多个版的报纸新闻内容与奥一网有关，见报总面积接近100个版。

10万条新闻线索，确属海量，但这些线索是鱼龙混杂，新闻价值高低不一；真伪难辨，事件真实性和可靠性很多值得求证。这些浩若烟海的线索只是铁矿石，要成为金子，还需要专业人士去打磨。

比如开头所说的地震新闻，经南都记者从地震局等有关部门证实，此外还得到“深圳市长坐镇深圳市应急指挥中心”等关键性信息后，奥一网编辑才将此报料消息提到首页头条，“网民报料”才脱胎换骨升级为“网络新闻”，再经报纸编辑精心加工升华为“报纸新闻”。网民（读者）能在地震发生后的几分钟或一两小时后，而不是次日看到报纸后，才得到相关权威信息，有赖于南方都市报系的报网互动有效机制。

这种趋势使得第一代互联网依赖报纸哺育的模式，将会改变为新媒体以海量的新闻线索反哺报业的局面，报业与网站形成互为上下游。在线索搜集与内容出品方面，在海量线索和精准报道方面，在灵活性和权威性方面，网站和报纸相互依赖，水乳交融，协作共赢。

二、南方都市报的读者、奥一网的网民在2006年度“不但改变了新闻，还改变了改变新闻的方式”，当然这种改变尚显肤浅、粗糙、局部

在新闻生产的上游，报网能有效互动，实现共赢，在新闻生产的下游，也就是一条新闻成品生产之后，报网就无能为力了吗?

作为任何一家报纸的网站，将母报的重要新闻成品在清晨上网供网络读者阅读，这是责无旁贷、义不容辞的光荣任务。按一般的传统思维，报纸新闻到达网民这一“终端”，传播链条就结束了，该条稿件就永远只能以这一成品的静态形式保存于数字空间了。其实不然，网络至少还能在网络调查、新闻跟帖上挖掘新价值。

去年全国“两会”期间，南方都市报记者在京采访广州市市长张广宁，就万人游珠江一事，张市长表示“市民要我游，我就游”。见报稿件不长，但包含着丰富的潜台词。奥一网编辑迅速反映，独家推出了网络调查，发布在首页、论坛各区，吸引了两千多名网友前来投票，八成市民积极支持，奥一网将这信息反馈给南方都市报区域新闻部记者田霜月，田就此事独家专访张广宁，张市长欣然表态“感谢网民支持，游定珠江”。系列报道出街后，在广州市民中引发极大的反响。

传统的“生产—传播”两环节链条在新时期下被延伸、被颠覆，一个完整的报网互动链条是“网民发帖报料—记者求证—新闻成品见报—网民参与调查或跟帖—记者再求证—新闻成品再见报”，由于事件的复杂性、多样性，这种链条还可能局部或全部被循环多次，其间还可能加进评论、通讯等报道手段。在新闻生产和传播的过程中，信息的价值在被扩大，由事先无法估计的网民来共同还原真相、校正偏见，其中很可能就有“YOU”。

套用美国《时代周刊》对年度人物“YOU”（网民）的颁奖辞，南方都市报的读者、奥一网的网民在2006年度“不但改变了新闻，还改变了改变新闻的方式”，当然这种改变是非常肤浅、粗糙，也是局部的，但从发展的趋势来看，蕴涵无限蓬勃生机，不可小视。

三、报网互动是基于灵魂深处的互动，是有共同价值观、世界观、人生观、新闻观基础上的互动；只有建立“哺育—反哺”的内循环机制，报网互动才能可持续化发展

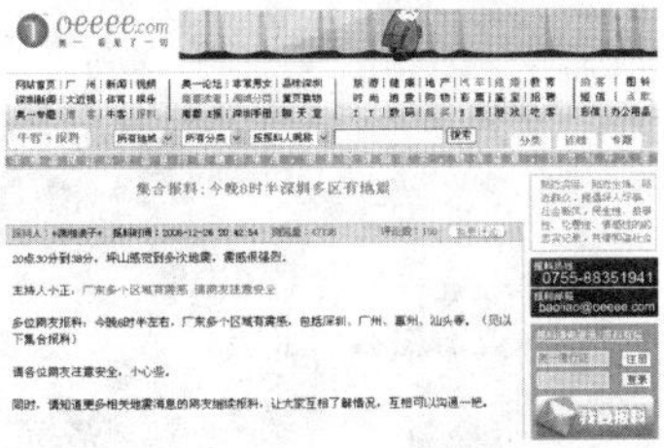

除了新闻单稿，报网在重大新闻事件上也有很大的协作空间。这种协作，需要报网执行者有共同的新闻基因，有共同的人文关怀精神，有一脉相承的报（网）格。奥一网新闻骨干来源于南方都市报，身上流淌着同样的新闻热血，这就保证了报网在诸多事件上能自发地零成本无缝链接。这种协作贯穿了2006一整年。

2006年初，深圳“两会”，刚刚诞生不久的奥一网与南方都市报深圳记者

站联合策划推出了“有话问市长”栏目。该专题浏览达128万人次，市民网友共提出了3256条意见建议，其中的主要民生民情问题，得到了包括许宗衡市长在内的所有正副市长的回应，部分问题得到落实解决。“有话问市长”整合了报网资源，个体市民通过互动性强的网络平台充分提出各种意见建议，个体的意见又经过网民群体的优选，形成主流民意。网络传播和报纸报道相互融合，越来越多的市民被吸引到“有话问市长”的互动平台，从而使深圳的民意民声在2006年以一种全新的模式得到充分释放。

2007年1月9日，由奥一网策划并提供调查数据、南方都市报多部门协作完成的16版《网见——2006网络年鉴》精彩亮相。该年鉴的成功有赖于网络思维与报纸制作手段的积极融合，单靠报或单靠网都是无法制作的。

众多成功案例表明，报网互动是基于灵魂深处的互动，是有共同价值观、世界观、人生观、新闻观基础上的互动，要达到这种互动，最好有潜移默化、多年的共同工作经历。

其实，在重大事件上从网络发散式思维的角度提供策划协助，从而成为母报面对激烈市场竞争的好帮手，这跟提供海量网络线索一样，是子网反哺母报的一个重要方面。只有建立“哺育—反哺”的持久机制，报网互动才能可持续化发展，才有持久的生命力，才能达到双赢局面，才能通过内循环自我运转。

四、报网互动三个误区：只能在新闻领域互动？互动只能是“1+1”模式？任何一家报和任何一家网均能互动？

时下各家报网互动的重心是在新闻领域，在报纸的另两极，广告发行、行政管理方面触及不多。一些人甚至误解，报网互动就是新闻互动。奥一网在新闻互动之外也做了些探索。南方都市报的重大活动一般由奥一网做现场直播（如南都十周年晚会、年度十大营销事件、华语传媒音乐大奖等），做网络推广，需要吸纳网友参与的平台一般建立在奥一网（如联通童HUA无忌比赛、深圳先生、南方小姐评选）。2006年11月建成的南都读者会（http://club.oeeee.com），网罗南都报纸、网络、手机三个终端读者，读者可参与编读往来、发行投诉、办报建议等，读者评报精华每日刊登在南方都市报A03速览版上。

报网互动的另一个疑问是，互动只能是所属报、网的“1+1”互动而将其他报、网拒之于门外吗？一般说来，为了维护报系利益的最大价值化，报网互动的基础是“1+1”，但是在涉及全局性的题材，还是会有“N+N”模式，即有更多的埠外网站、报纸参与到大互动链条中来。

2006年，一位自称李庆军的“深圳海归博士”在奥一网上向“性爱视频”事件的主角张钰求婚，此事经奥一网首发报道后，猫扑、网易、新浪、搜狐等先后联动，华商晨报娱乐记者独家联系上“李庆军”，披露其“周日就要进京相会张钰”；新民网编辑联系清华大学校办，证实“李庆军”并非该校毕业生。在南方都市报新闻版面介入之前，奥一网已通过外循环的报网互动体系，将这一事件制作成吸引全国网民的焦点事件。相比“1+1”模式，“N+N”模式传播范围更大，影响更大，但对题材和操作手法的要求更高。长远来看，以建立“1+1”为主攻、“N+N”侧翼呼应的模式为宜。需要说明，有些题材，“1+1”模式发展到中后段必然有其他同行（包括电视、广播、杂志等）介入，而升华为“N+N”模式。单单电视方面，2006奥一网多个题材如网友爱心特区、盲人球迷挑战刘建宏、刑满人员开博客卖监狱日记救女友等题材就转化为中央电视台、福建电视台、广东电视台、湖南卫视等10多家电视台的节目。

报网互动如此魅力无穷，网民又是如此如饥似渴地24小时报料，那是不是任何一家报和任何一家网均能互动呢？绝不是这样的！报网互动，还是要相互匹配，需要门当户对，除了利益、理念等要素外，在某个区域要有集中性的网民和读者，在数量上、层次上、人群结构相对应，否则就会产生“大牛拉小车”或者“小牛拉大车”的不和谐局面。一些综合性门户网站，网民总体基数很大，但在某个地区网民绝对数量不大，而且传统门户网站事实上一贯奉行“一夫多妻”制度，很难有“自己的报与自己的网”衍合产生的“一夫多妻”制。

广东各大传统媒体均在打造属于自己的、基于Web2.0技术特征的新闻互动子网站，如广州日报VS大洋网，羊城晚报VS金羊网，深圳特区报VS深圳新闻网，南方都市报VS奥一网。越强大的报就越需要强大的网与之相匹配，网的战斗力是报纸综合实力的一个重要体现；有强大的报做后盾，网也才能“动”起来。种种迹象表明，2007年广东四大市民报纸将把网络作为一个主战场。奥一网继承了原深圳热线的十年品牌和百万网民基础，经过一年来的努力，已经建成一个以深圳、广州为基点，辐射珠三角，面向全国的新闻互动、城市矩阵型互动架构，这种网民基础、市场取向与南方都市报在珠三角实施的“2+5”战略是高度吻合的。

报网互动的空间非常大，魅力无穷，随着探索的深入和持续，报

网互动的内涵和外延将被无限扩升，相应地也要求有更优质的技术基础。与国外如火如荼、利益和机制高度契合、技术平台渐趋高端化的“报网一体化”高速发展状况相比，由奥一网率先倡导并积极实施的报网互动在多方面上尚处发展、摸索阶段，整体水准并不高；多数尚处“打一枪换一炮”的零碎、局部的初级阶段，远未触及灵魂深处，更缺乏细水长流的互动平台。

五、不管是Web1.0时代的报网合作，还是Web2.0时代的报网互动，或者是未来基于3G技术的报纸网络手机互动，主动权始终还是在控制新闻内容生产的传统媒体手中

与互联网和不断更新的移动终端为标志的新媒体，正以前所未有的方式和力度冲刷着时下社会的方方面面，信息生产和传播的方式正在发生革命。“个人日报”（The Daily Me）的理念使传统媒体的管理者焦虑，因为自觉地允许读者窄化其阅读范围，将可能动摇“传统媒体的哲学根基”（摘自尼葛洛庞帝1995年版《数字化生存》）。

但是，无论新媒体形式怎么创新，报料线索怎么多元化，信息的内容仍然是核心，谁控制了原创内容谁就真正占据制高点，谁才是真正的上游。可靠性、权威性方面，人民群众还是信任传统媒体。新媒体在“触觉”上占有优势，而内容本身还是传统媒体更有竞争力，更有话语权，更有威信。在网站获得新闻采访权之前，传统媒体仍然占据霸主地位。

新媒体与传统媒体不是非此即彼的关系，不是取代与被取代的关系，而是相互融合、取长补短的关系，通过报网手机互动这一枢纽，新媒体与传统媒体完全可以达到共赢。

不管是Web1.0时代的报网合作，还是Web2.0时代的报网互动，或者未来基于3G技术的报纸网络手机互动，主动权始终还是在控制新闻内容生产的传统媒体手中。只不过Web2.0时代传统媒体的主导权地位，可能会更有内涵，更有智慧，更有风采。

（作者为奥一网副总编辑）

大洋网：在互动中创新发展

□王 栋　田 曼　陶开河

报网互动这个概念早在几年前就已经出现，但如何互动才能实现报网共赢一直是个难题。2006年，大洋网新闻中心、视频中心、互动中心、无线中心、资讯部、英文网站等内容部门在“大编辑部”理念的统领下，与广州日报集团系列报刊（主要是广州日报）进行了全方位的合作，摸索出一些可持续发展的互动模式：在大型报道中报网记者合作进行多媒体报道；建立固定的报网一体化运作互动栏目；网站论坛和报纸内容联动；建立流程化的日常合作机制等。这样，我们把报社的一些资源转化成网站的资源，既增强了网站自身的综合实力，同时也扩大了报纸在全国的影响力。

大洋网的报网互动实践

一、 重大事件报网记者联合多媒体报道

在2006年报网记者联动采访活动中，报社记者和网站记者两次携手跨国采访最具历史意义。2006年5月27日，印尼中爪哇发生6.2级地震，广州日报报业集团派出广州日报和大洋网联合报道组，共赴印尼地震灾区采访。四名记者发挥各自优势，文字、摄影、摄像等多种采访手段齐齐上阵，围绕采访对象进行了立体的、多方位的纪录。在采访过程中，因印尼网速较慢，视频传输时常受阻，前方报道组在采访中国救援队队长赵和平时采用电话连线方式进行网上同步音频直播，这是在联合采访中摸索出的一种网络媒体报道新方式。在瑞典“哥德堡号”帆船即将抵达广州暨中国第二个“航海日”来临之际，广州日报与大洋网再次组成联合采访组，报网记者利用各自所长，通力合作。报道组回国后，4位记者还来到“大洋面对面”访谈节目与网友

交流。之后，大洋网邀请哥德堡号的船长等嘉宾与网友在线交流，对话的内容又于次日刊载在广州日报上。大洋网视频中心还将拍摄的视频资料重新加工，以“广州日报—大洋网”的名义，发布于地铁视频。另外，广州日报报业集团翻译出版了《瑞典“哥德堡号”再度扬帆》一书——由大洋网的英文网站翻译，集团旗下的广州出版社出版，在大洋网的网上书城销售。

广州日报和大洋网记者在印尼地震灾后现场采访。

二、报网联合设立专门的互动栏目，一体化运作

1. *服务类栏目为网友排忧解难*。能与受众及时互动是网络媒体最明显的优势之一，而“传递百姓呼声，加强舆论监督”一直是广州日报的特色。为了探索一种“为百姓排忧解难”的跨媒体联动模式，大洋网和广州日报政文部经过筹划，联合推出了“大洋帮帮你” (http://help.dayoo.com)栏目。网友只要登陆“大洋帮帮你”，注册后就可以发言和跟贴，选择投诉、求助、建议、咨询等方式讲述日常生活中碰到的烦心事。广州日报的编辑记者从中挑选有新闻价值的事件进行调查采访，并综合有关部门或权威专家的说法，刊登在广州日报的《读者速递》版上。除了市民的难题有机会通过这个栏目得到解决，留言平台的开通吸引了众多网友就一个话题进行讨论，各抒己见。如记者通过网友留言进行跟踪调查的《集体户口人士结婚户口为何非要迁出？》成为广州日报、信息时报要闻版头条新闻，因为此事涉及到数十万人，关于这个话题的讨论持续了很长一段时间，引起了众多网友的共鸣。目前，网络媒体和传统媒体无缝合作为老百姓解决实际难题的形式还比较少见，该栏目一推出，好评如潮，网友经常在网上留言，感谢大洋网栏目编辑和广州日报记者为他们在生活中碰到的难题奔走呼吁。

2. **实用性栏目为网友释疑解惑。**目前，网络访谈在各大网站遍地开花，大洋网的《名记专家在线》（http://experts.dayoo.com）则是一个特立独行的网络访谈类节目——我们在形式上作了大胆的创新，利用广州日报报业集团丰富的采访资源，每次访谈皆邀请“名记+专家”（即报业集团某个领域的资深记者加上一名或数名该领域的权威专家）担任嘉宾，与网友实时交流，为网友提供专业实用的资讯和建议。每期《名记专家在线》访谈的内容则全部与网友的日常生活息息相关，从衣食到住行、从生理到情感、从健康到理财，每期的话题都符合网友的实际需要。为了贯彻“一次生产，多次使用”的多平台传播理念，我们每期访谈前都在报纸上发预告，向读者征集问题。直播结束后，网站编辑将访谈内容加以整理，发给广州日报的《实用新闻》版，刊登

“名记专家在线”现场　从左到右：主持人、广州日报记者、嘉宾。

在第二天的报纸上，将实用信息传播给没有参与访谈的其他读者，与广州日报保持了持续互动。

3. *互动性栏目增强网友参与度*。随着网友参与意识和表达情绪的增强，人人都当记者成为一种需要，拍摄器材的普及使这种需要成为一种实现的可能。于是，由大洋网与广州日报摄影部合作推出了一个新栏目“都市拍客”（ http://pix.dayoo.com ），号召网友用手机、相机或 DV 随时随地拍出身边的一切精彩精头，并传到网上，广州日报则从中挑出最精美的照片登在报纸上，这不仅满足了网友的参与性，也扩大了报纸照片的来源。自从《都市拍客》栏目在 2006 年 12 月启动以来，得到了众多广州日报读者和大洋网网友的支持。在该栏目中上传的作品不仅有拍客们对自己日常生活的记录，更有大批作品反映了与市民生活息息相关的社会现象及事件，例如地铁三四号线全线开通、广州全面禁摩等，拍客们都在最短的时间内上传了作品，有一部分作品相当专业，被选用到广州日报的《都市拍客》版。

4. *广州日报记者编辑，踊跃开大洋博客*。2006 年 8 月，大洋推出

博客，广州日报机动部记者率先开通自己的博客，在网上与网友、读者积极交流互动。

报网互动的下一步

在广州日报与大洋网已有的报网合作的基础上，我们认为，报网互动在以下几个领域还有继续发展的空间：

一、评报平台

报纸的一大缺点在于互动性差，读者的意见沟通渠道单一而且很不便捷。网络恰恰具有这种互动性强且互动便捷的特点。报网互动的一个发展趋势就是借助网络这个平台，让读者可以方便地进行评报。目前，大洋网与广州日报已开展这方面的尝试。同时，网站可以借助自身的无线平台，让网友可以直接用手机参与评报，这样一来，读者评报更可以随时随地进行。

二、内容生产平台

在Web2.0时代，论坛、博客等“自媒体”新形态不断产生并逐步演进，其影响力日渐加大。网络媒体应开发“自媒体”全新平台——一方面网站接受网民的自写稿件或素材线索，另一方面传统媒体能从这个平台上找到大量内容并将这些内容反映到版面上。如此可将报纸与网络紧密联系起来，集纳各种最新内容，从而大大丰富报纸的内容来源。

三、多媒体电子报

报纸不可能有多媒体表现手法，这是媒体本身介质决定的。然而，借助网络这个平台，这种不可能也变为可能了。广州日报电子版目前已经可以直观地呈现报纸的原貌，读者可以完全像读报纸一样读电子报。在直观的电子报的基础上，在其中加入多媒体元素，在技术上没有障碍。在不远的以后，完全可以在看电子报的同时，就在电子报的界面上观看相关的视频新闻或根据新闻制作的 FLASH。

如何推动报网互动

大洋网在 2006 年实现与广州日报紧密的报网互动，主要得益于以下一些做法：

一、领导重视，强力推动。2006 年，广州日报与大洋网成功地在各个层面进行的互动，最重要的促进因素，就是集团领导从战略层面重新审视竞争策略，将网站在报业竞争中的地位提高到了一个新的水平。比如，在报社进行的印尼地震等几次大型采访活动中，社长总编都亲自批示大洋网参与。

二、与采编部门制度化的合作。例如，2006 年年初，大洋网新闻中心及视频中心、互动新闻中心等相关部门的中层干部开始参加广州日报每天下午召开的编前会；网站分管新闻的副总裁每周参加广州日报的周会，等等。

三、网站主动出击，把报社资源转化为网站资源。例如，在 2006 年广州国际车展期间，大洋网动用报社的版面及人、财、物资源，成功举办了车模评选。

如果要进一步强化报网互动，以下几项措施将十分必要：

一、优化组织架构，设立协调机构。长远考虑，报网互动需要更加流程化的组织实施手段。要促成报网在新闻、经营等各个层面的深度合作，有必要在更高的管理层面设立相应的协调机构。

二、实施奖惩制度，激发互动积极性。要实现“报社的记者就是网站的记者”,需要对报社记者和编辑的利益机制进行重新规划。不管是为报社写稿，还是为网站写稿，都要有相应的报酬，解决报网互动的驱动力问题。

三、改进采访手段，适应“全媒体”环境。要达成紧密的互动，必须要改进采访形式。变以往的文、图采访为文、图、视音频“全媒体”采访，从而满足网站的多媒体新闻素材需求。此外，记者的工作模式也要适应新技术的需求，进行适当的调整，要形成即时发稿的工作规范。

（作者单位：大洋网）

报网互动在中国：技术、效率与制度的关联分析

□朱春阳

当新媒体遇到传统媒体，人们惊呼，传统媒体的末日就要来了，尤其是2005年报业寒冬的结论似乎进一步验证了新传播技术对传统媒体势力版图的侵蚀。然而，时光到了2006年，尽管年初出现了解放日报报业集团呼吁报业联合抵制新媒体的进攻，但也出现了中国产业化程度较高的南方报业传媒集团对奥一网的购并，以及《重庆商报》和腾讯联合推出的“大渝网”。及至年中，报业对新媒体的涉足不断广泛、深入，甚至解放日报报业集团也与新浪结成了战略合作伙伴。融合，代替了冲突，成为2006年传统媒体与新媒体关系的新特征。在这一背景下讨论报网互动显得更有意义。让我们以产业经济制度变迁的视角，首先从技术这个起点来看看报网互动的基本关系何在，如何才能更好地优化两者关系，抓住新媒体带给报业的新机遇。

技术，被认为是新媒体的核心价值所在，但新媒体优于传统媒体仅仅是新在传播技术吗？如果单就技术而言，新媒体的确要比传统媒体更适合处于快节奏、超大信息量时代的现代人类。但是，也还是技术的鬼魅，在2000年4月导致了纳斯达克股市近乎崩盘的噩梦，而就在此前不久，新媒体高歌猛进，关于信息高速公路的畅想还在傲视传统媒体的简陋和呆板。是什么力量让那个投资者人见人怕的新媒体在历经五六年的时间成为人见人爱，深受风险投资追捧的新媒体呢？仅仅缘于技术的回答显然是表面化的，尤其是在当代中国这一非成熟的传媒产业市场上，问题所展示的内在冲突更为明显。

（一）

和发达国家成熟、完善的传媒产业体系不同的是，中国传媒业还处于

远远没有成熟的阶段，其实，无论传统媒体，还是新媒体，都有着巨大的上升空间。理想的情况是，在中国传媒市场上，应该是传统媒体和新媒体的齐头并进，而不是目前传统媒体表现出来的暮气沉沉。2005年应该是中国传媒业发展中值得记住的一年，不仅仅是因为新媒体的再次辉煌；而且更因为这一年中国报业的广告增长幅度首度低于GDP的增长幅度。按照传媒经济学研究的一般结论，传媒广告和经济成长状况的起伏呈强相关关系，广告能够放大经济波动的效应，①即，按照这一结论，即使是报业没有什么创新之处，广告仅仅是水涨船高式的增长，也应该和GDP的增长保持同步增长，甚至更高的增长。相对于广告统计而言，我们更相信GDP统计的严肃性和客观性，即便如此，以计划经济管理方式自行申报而来的广告额依然低于GDP的增长幅度。这表明，中国传媒业的确遇到了前所未有的困难，以至于分享GDP快速增长的机会都没有抓住。另一方面，在纳斯达克上市的中国新媒体公司，在经历了严格的财务审计、保证股民不被欺诈的监管体制下，财务公报显示，广告依然保持了远远高于GDP增幅的成长速度，从中国经济的增长中获取了应有的份额。其中，2006年的网络广告增幅达到了50%。是什么原因导致报业乃至传统媒体行业未能从中国经济的快速成长中继续分一杯羹呢？而又是什么因素导致互联网行业的一枝独秀呢？如果这一案例还不能提供分析问题的线索，那么我们可以再看看北青网的例子。当初，北京地区媒体合力办起了千龙网，为此，在此之前就已经存在的北青网就面临两个选择，一个是停办，一个是脱离北青报的投资体系，自行寻找资金，自谋生路。北青网最后选择了后者，成为北青传媒制度中网开一面的非国有资产运营管理模式的践行者。2006年，北青网成为和新浪网新闻频道地位接近的新闻网站，实力接近于人民网、新华网这些国家级资源投入的新闻网站，并收购了千龙网。当年的弃儿成了今天的盟主，真是始料未及的事情。和北青网形成鲜明对比的是其他大多数的中国传统媒体所办的网站，处境艰难，往往是集团的亏损大户。同是新媒体，为何命运有如此大的差异呢？或者，我们也可以这样提出问题。从2001年到2006年12月31日，中国网民的数量从2600万激增到了1.37亿，按照"使用—满足"理论的解释，新媒体是在不断满足网民需要的基础上发展起来的，并以年均近2000万的速度提升网民群体的规模。那么，是什么因素使得受众需求在新媒体这里得到最快最及时的满足呢？是什么力量促使新技术沿着网民偏好的方向不断地突飞猛进呢？这表明，在新媒体所代表的传播新技术背后，还存在更为深刻的因素，制约着新媒体的发展方向与命运。如要深入考察这一因素为何物，必须放到中国传媒改革的大背景下，否则，也就只能得出“技术决定论”这样的结果，而忽视了可谓波澜壮阔的中国传媒改革现实演进的格局变化。

（二）

中国的新闻改革可以分为增量改革和存量改革两种方式。其中，增量改革即改革以不触动现存利益格局、功能角色等为前提、而是通过新的增量来改善传媒业现状；存量改革则是指改革是以对现存利益格局、核心问题等的解决来改善传媒业现状的改革方式。中国新闻改革明显地表现出“边缘突破、以经营方式的变革为驱动”②的特征，增量改革作为一种带有妥协性质的改革方式，当然也是一种最容易获取成效的方式③，并因此大行其道。新媒体、数字化的新市场空间的形成，相对于传统媒体而言，无疑是最好的增量空间。当传统媒体集中于传统领域的市场垄断和空间开拓的时候，由于中国传媒业进入资格的限制，一直徘徊于传媒产业市场边缘的民营资本④（非国有和官有的资本）终于能够借助新传播技术带来的增量空间，搭上飞速增长的传媒业快车。当民营资本进入传媒经济结构之后，带来的不仅是资金量的增长，更带来了制度上的变革。制度本身不会带来经济增长，但它的意义在于可以通过为创新提供空间和秩序而决定创新的绩效和价值偏好（生产性创新，抑或非生产性创新即寻租）。作为传媒业制度变迁的重要力量，借助新媒体进入传媒业的民营资本实际上充当着“创新集团”⑤的角色，即当传媒制度处于僵持状态的时候，需要创新集团的出现，以打破僵局，推动制度变迁，建构起“制度—创新”之间的新式关系，为创新提供激励与活动空间。作为创新集团，新媒体的意义在于在传统媒体的组织方式之外形成新的效率生成体系，为我们计算传统媒体效率形成所附加的机会成本提供了新的参照，而这一接近贴身肉搏的效率竞争，其影响远远大于和境外国际传媒集团间隔岸观火式的比照，为传媒业的制度变迁演练了操作路线图。传统媒体的纷纷触网是新媒体的第一轮效率冲击波的直接效果，对新媒体创新榜样的学习和模仿是相对肤浅的，象征意义大于实践意义。2003 年，文化体制改革试点工程开始启动，明确提出针对文化产业要贯彻分类改革的指导原则，将传媒改革由增量改革为主导推向了以存量改革为主导，制度变迁的方式也由边缘突破转向中心的主动出击。在这一过程中，作为民营资本传媒主阵地的新媒体的效率示范与创新榜样作用起到十分重要的推动作用，同时，也以咄咄逼人的发展态势迫使以传统媒体为主阵地的国有资本加快体制改革，为传统媒体从快速发展的经济中分享利益提供更为有力的动力和鼓励。

目前，国有经济在我国经济发展中虽然仍发挥着主导作用，但增长的主力军已经是民营经济，而非国有经济。这一点在传媒业中表现也基本一致，从传媒经济增长量的绝对值来看，传统媒体还占有一定的优势；而就年增长速度来看，新媒体明显处于优势地位。因此，要保持我国传媒经济持续快速增长，就必须加快传媒业中民营经济的发展。但是，按照布坎南的说法，政府是理性经济人，有自己的利益偏好，它既执行社会经济管理者的一般职能，又有着自己独特的利益要求。⑥作为传媒制度的主要供给来源，政府在制度设计上明显地偏向于国有资本经营区域。政府这种扶持国有经济的内生偏好决定了国有金融资源过多地注入了国有传媒，同时，也导致了民间金融机构的发育迟缓。尽管国有上市公司的经营业绩普遍低于未上市的民营企业，但目前国有上市公司却占据了上市公司总数的 95~97%，而民营企业在上市公司中只占 3~5%。⑦正是由于民营经济生存环境的这一特点，又衍生出新媒体经济的另外一个特点，即从一开始起，国际化就是新媒体经济的规划蓝图和奋斗目标。一句“向美国纳斯达克进军”，曾激励了多少新媒体精英狂热地投入到这个产业。建立新媒体网站、获取国际风险投资、纳斯达克股市上市，成为新媒体奋斗的三部曲。这其中除了纳斯达克的魅力，更多的是创新风险较高的新媒体面对国内民营传媒资本生存环境的被迫选择。这里也出现了一个很奇怪的现象，就是大多数有点名堂的新媒体公司的注册地都不在中国，而是在海外。例如，新浪和百度的注册地在英属开曼群岛。其背后的主要原因在于避税，并享受外资在华的优惠待遇。这些“洋旗”民营资本的把戏，其实折射了当前民营资本在现有制度体系内的边缘位置，体制对利益保障的顺序依次是国有资本、外资，最后才是民营资本。由此而形成民营资本的国际化应该说是无奈之举，但由于先行一步，尽管艰难，也为传统媒体获取国际竞争力提供了可以借鉴的范本。在新媒体公司国际化的过程中，无论公司制度，还是产品研发，都以国际公司标准要求为基准；同时，在获得纳斯达克上市之后，其财务报表不仅要定期公开，而且还要接受普华永道等国际审计公司的严格审查。和国内报刊业连基本的发行量数据都视作最高机密的市场化水平来看，新媒体能够实现国际化并非偶然，而是制度国际化视野的必然结果。

（三）

互联网的出现，等于为中国传媒改革提供了一个新的实验空间。伴随这一空间的成长，传媒业也终将进入了一个具有效率竞争结构的产业经济发展新模式阶段。这将是一个完全崭新的制度空间，国际通行的组织治理原则得到了彻底的贯彻，新媒体所呈现出的高效率的发展与创新，以及高度国际化的运作模式将成为传统媒体学习的样本，从而带来产业效率的整体性提升。本文认为，所谓的报网互动，其真正的价值即在于此，即通过效率竞争保证传媒组织在生产过程中选择一种能使生产成本最低、产出最大或利润最高的“技术模式”。也正是完成在效率竞争这一层次上的互动，所谓的技术、效率与制度的关联性才呈现出积极的正效应。在效率竞争的视角下，最适合的传播技术将会比最高、最新的传播技术带来更多的经济效益。由此看来，传统媒体所办网站和民营资本支持的网站尽管在技术上处于同一起跑点，甚至，国有网站往往会倾向于拥有更先进的技术而不计风险；但由于制度差异所产生的效率的不同，最终表现出不同的市场业绩。在新媒体收益排行榜上，鲜见传统媒体相关新媒体的身影。这也从另外的一个方面表明，新媒体的出现更为显著的特征是一种新型产业制度的出现，这种新产业制度带来的效率竞争、创新榜样以及国际化示范都将进一步促进整个传媒产业效率的全面升级。

在报网互动的过程中，新媒体的上述价值如果不被认识到；那么，所谓报网互动，也仅仅是“新瓶装老酒”，白白牺牲了新媒体这个“壳”。如果我们仅仅把新媒体的成功看成是传播技术的胜利，至少在中国，这场胜利带给我们的财富还是没有被挖掘出来。源于计划经济事业单位管理模式的惯性，我国对传统传媒业的管理仍然是作为一个行政的附属体来进行，而新媒体表现出来相对于行政管理网络的经济独立性，一方面使它失去了从旧体制中获取利益的机会，另一方面也促使了新媒体作为与传统媒体的对照物，必须建立起一套新的制度体系，获取资源、促进公平竞争，在合法化的操作底线内承担社会责任与法律责任。在新媒体置身于以纳斯达克为目标的产业梦想当中时，传统媒体还处于是事业还是产业的彷徨和犹豫当中，在市场争胜和市场失灵的两个空间内的不同使命，使得传统媒体内部面临深刻的冲突。作为制度的示范者，新媒体为传统媒体的“分类改革”提供了关于如何在市场争胜空间内获取高效率的制度范本，传统媒体如果能够在当前的文化体制改革当中，深刻领会这一时代精神，虚心学习新媒体制度的精髓，新媒体所蕴含的时代价值才不至于被埋没，报网互动才能够具有创新的方向感。

大渝网与奥一网，应该是上述报网互动的典范。技术方面，大渝网依托于腾讯 QQ 客户端的区域定位技术优势和重庆商报的本土内容和资源优势，通过基于 QQ 客户端的定向传播手段（allinone 地方版、tips 和区域定位系统消息等等），打造的一个立足于为重庆，为本地互联网用户提供本地化的内容资讯、互联网产品和城市生活便利服务的网站平台。但更为重要的是，双方的合作是平等的。这一点非常重要，它保证了新媒体精神在大渝网身上的彻底贯彻。对于重庆商报来说，需要大渝网提供一个高效率的信息传递体系；而对于腾讯而言，需要重庆商报提供的是高度贴近民生的信息。这样，双方之间就形成了效率比照，缺乏了哪一方的效率，都不可能会有大渝网仅仅不到一年广告收入就近 500 万的业绩。对于奥一网而言，该网站主要方向就是“杂交，两栖，混血”，即传统媒体与网络媒体杂交，线上与线下两栖，印刷工业与互联网工业混血。这背后同时也意味着传统媒体与网络媒体、线上和线下、印刷工业与互联网工业的效率竞争，如果报网融合没有建立在这种效率对比基础上，网络仅仅是报纸内容生产的上游报料系统和下游展示系统，那么，奥一网也就不可能取得业内的良好声望。

在美国，雅虎与 176 家日报开展了互动合作，而 google 与报纸的合作也已经全面展开。我们有理由相信，我们面临的将是一个新媒体与传统媒体走向融合时代，两个领域之间的效率竞争、制度比较，将会创造出更多的技术奇迹和制度神话。

（作者为复旦大学新闻学院讲师，媒介管理学博士）

注释：

①（英）吉莉安·道尔：《理解传媒经济学》，李颖译，清华大学出版社，2004年，第34页

②潘忠党：《新闻改革与新闻体制的改造》《新闻与传播研究》1997年第3期

③张裕亮：《大陆报业经营制度改革—制度变迁理论的观点》台湾《中国大陆研究》2002年第45卷第6期

④我国学术界对民营经济的范围界定主要有三种观点。一是广义的民营经济，认为除了国营经济以外的经济都是民营经济；二是狭义的民营经济，专指个体经济与私营经济；三是将民营经济定义为非政府或“非官营”的国内民间经济(参见周天、杨宏伟:《民营经济的地位和作用》《经济论坛》2006年第2期)。本文采用上述的第三种定义来界定民营经济。

⑤ “创新集团”的概念，见程虹、窦梅:《制度变迁阶段的周期理论》,《武汉大学学报》，第240期，1999年1月

⑥转引自李继红等:《制度变迁与民营经济发展》《农村经济》2006年第5期

⑦周天、杨宏伟:《民营经济的地位和作用》《经济论坛》2006年第2期

国外大报报网互动探析

□曾凡斌　张玉敏　曾　妍

当前，我国学界与业界已认识到报网互动是摆脱报纸发展困境的办法之一，而传统媒体如何处理好新、旧媒体之间的关系、寻求到一个最佳的互动共赢的盈利模式，将是报业应对新的发展形势下，实现可持续发展的重要课题。例如，2007 年 2 月 4 日，中国报业网主办了“2007 首届中国报网互动共赢高峰论坛”，并取得相应的共识。然而，我们在对国外报纸，尤其是国外大报的报网互动是如何进行的还是了解的不多，为此，本文试图对国外大报的这方面情况作一点探讨。

一、国外大报的报网互动手段探讨

随着信息技术的发展，目前世界各主要大报大多都建立了自己的网站，据统计，全世界有 5000 多家报纸在互联网上落户，美国有 1500 多家报纸建立了自己的网站。而这些网站也不是原有报纸的简单复制，而是比原有报纸内容更详尽，时效更快捷，因而受到读者的欢迎。国外报纸良好的网络化基础为其实现报网互动打下良好的基础。具体看来，国外大报的报网互动手段有以下几方面：

1. 内容互动

国外大报网站在提供新闻和信息方面，拥有品牌、团队和体系的报纸比任何竞争对手都更具优势。网络内容的营收模式大体有三种：一是将内容打包向其他网站或媒体销售；二是通过付费浏览向用户收费；三是付费数据库查询向用户收费。传统媒体的品牌和高质量、个性化的信息，成为多数网站的主要依靠。

《华尔街日报》在传统媒体和网络媒体的紧密结合上已经做到了彼此嵌

入，又互有分工、各有侧重。为了使印刷版和网络版两个平台更紧密地整合在一起，《华尔街日报》在网站上不间断地对重大突发新闻进行更新，并且在次日的报纸上刊载较长的相关分析文章。由于截稿压力来不及在报纸上刊载完整的新闻故事，可以登载新闻标题并引导读者参阅网站，而网站也可以突出报纸即将刊载的主要内容。①在《华尔街日报》印刷版上，读者会在报头位置看到“the wall street journal”的背景就衬着“wsj.com”几个字在提醒人们网络版的存在。在一些简要新闻末尾会注有“详情请登陆 wsj.com 查看”，涉及到房产、就业等信息还会“链接到”旗下的房产网、就业网。同样的，印刷版的内容来源一部分也会取自网络，尤其是“民意”。

纽约时报公司总裁小苏兹伯格认为，《纽约时报》向受众出售的并不是报纸，而是新闻，是信息与知识。这种信息与知识，究竟是以纸张、胶片为载体，还是以无线电波、直播卫星、互联网络为媒介，无关紧要。重要的是，必须应用最新的技术手段，多渠道地销售信息与知识。②这就是说，时报要做“内容供应者”的领袖。至于是做印刷版还是电子版，只是传输手段的不同而已。而《纽约时报》报网互动的一个重要的办法是给网民提供数据库查询服务，该网站的访问者只要通过数据库查询的方式，就可以回顾《纽约时报》自 1981 年以来的全部内容。我们知道，《纽约时报》被称为“历史记录式的报纸”。而纽约时报网站这一举措使得其品牌在网上延伸，并大大增加其原先的功能。

《今日美国》创建的今日美国网站（www.usatoday.com）拥有固定的网上读者约 950 万。今日美国网站除了按照自己的程序提供种种新闻信息外，还向读者提供母报版面内容。点击"本报印刷版"，就可以免费阅览过去两天内报纸各版的内容。点击"检索程序"（archives），就可以查阅两天以前直到 1987 年 4 月该报的所有资料。这些资料的标题和摘要是免费的，如要获得资料全文则要付费，每篇 2.5 美元。也可以购买阅览票（pass），日票 4.95 美元，可选 10 篇；月票 14.95 美元，可选 100 篇；年票 99.95 美元，可选 1200 篇（合每篇 0.083 美元）。当然，《今日美国》网站有免费的新闻信息服务。读者只要在登记表上填写本人的简要情况，就会在每个工作日获得网站送来的电子新闻信，有简明新闻、旅游、技术、书籍、汽车、购物、促销等几种类型，任君选择（新闻信上都附有广告）。读者也可以订阅该报的电子版，内容和印刷版一样，价格更加便宜，13 周 39 美元，26 周 78 美元，52 周 156 美元。

《金融时报》在竭力扩大报纸发行量的同时，采取了印刷媒体和网络媒体齐头并进的策略。www.ft.com 是全球访问人数最多的新闻网站之一。《金融时报》认为，网站的成功不会降低印刷报纸的销售量。网站的内容每天更新，遇到一些突发新闻、重大新闻，会首先在网站中进行报道，以此和电视抢时间。遇到来不及出版的报道，也会挂上网站。2005 年《金融时报》推出免费下午版后，网站流量和收益进一步增加。因为免费下午版将向订户介绍当日重要财经新闻以及评论，但读者如果要获取具体细节，还是要访问《金融时报》的网络 PDF 版。如今，《金融时报》已经把它的网站成功转化为一个比较重要的收入来源，并集中精力构建这样一个整合资讯的传播平台，将内容打包销售。而《华盛顿邮报》则与 MSNBC.com 网站合作，报纸向网站提供高质量的稿件，网站为传播报纸信息提供新平台，创造了传统媒体与网络媒体结合的典范。

2. 广告互动

当前，美国报纸总发行量不断下降，报纸广告进入低增长时代，与报纸广告经营举步维艰相比，报纸网络版广告市场却迅速发展起来。美国报业协会认为，报纸网络版广告市场将是美国平面媒体今后的主要出路。

《纽约时报》网络版在广告经营策略上充分体现了报网互动的特点：网络广告和印刷广告实行联手经营，为吸引报纸客户上网，凡购买印刷版广告位的客户都可以折扣购买网上广告位，网络版的广告收入有 25％来自印刷版分类广告。这种模式可以让客户在印刷版和网络版享有同样的

推广宣传机会，比较具有吸引力。公司利用网络为传统业务作廉价有效的宣传，印刷版的销量因此也有所上升。

而据 2006 年 3 月 1 日《上海证券报》的消息，道琼斯公司为了应战新兴媒体，合并了《华尔街日报》印刷版和网络版的业务，并将此业务纳入消费者出版部门。道琼斯将此前各自独立的印刷出版和电子出版部门共同归入消费者媒体集团，旨在使《华尔街日报》等平面媒体能实现报纸版和网络版同步发布新闻报道和刊登广告。

3. 团队互动

《华尔街日报》网络版副编辑主任戴维 · 佩蒂特（David R · Pettit）在接受《网络传播》记者采访时曾提到，该报社的传统媒体和网络媒体一直都在密切合作。网络编辑每天都和传统媒体的编辑有联系，两个团队合作一起报道新闻。传统媒体的记者经常使用网站查找可以深入挖掘的新闻线索。他表示，《华尔街日报》一直都在探寻如何利用网络使传统新闻报道更加完整全面。③

《华尔街日报》网络版的网络编辑和记者都负责为读者提供最新信息，他们利用《华尔街日报》和道琼斯的报道资源，并和这些传统媒体的同行密切合作。《华尔街日报》驻世界各地的采编人员每天提供上千篇稿件支持着该报网络版。

4. 形式互动

打开《纽约时报》网站的页面，《纽约时报》一贯秉承的"档案记录报"的严谨稳重风格便扑面而来。在着色方面，网络版的版面体现了传统印刷版《纽约时报》百年大报、严肃大报的诉求，除了文章标题采用深蓝色外，各页面主要采用白底黑色字。④《纽约时报》网站的头条新闻和重要图片几乎每半个小时更新一次，这充分体现了《纽约时报》的新闻价值诉求。整个版面以蓝色为主色调，穿插有橙色、墨绿色等小色块作为补色，给人以大方明快之感。与其他美国大报网站相比较，其图片和广告量明显较少，色调的统一让读者不易分散注意力。

5. 并购以及投资其它网站

报网互动的网已经不再局限于自己的报纸网站，还并购以及投资其它网站。2005 年 2 月，纽约时报集团表示将以 4.1 亿美元从发行商 Primedia 公司手中收购信息门户网站 About.com，试图通过此举进一步在网络上推销自己。纽约时报集团旗下的新闻报业包括《纽约时报》、《波士顿环球》，该集团表示它将进一步拓展 About.com 的内容，并利用该网站来推销自己的产品。纽约时报集团还与美国其他八大报业集团共同组建新闻网站"新世纪网络"(New Century Network),投资财经网站 TheStreet.com。通过并购以及投资其它网站，国外大报集团将触角直接延伸到新媒体产业上，期望能够从中获得收入。

二、国外大报的报网互动分析展望

与我国国内报纸相比，国外大报的报网互动发展早，形式多样，富有成效。这是因为其紧紧围绕以下几个方面来进行的：

（一）以向受众提供信息内容为核心。无论是报纸媒体，还是网络媒体，其基本职能是向受众提供全面充分的信息，国外大报利用本身报纸悠久的历史及其机构人员的优势，为自己的网站甚至为其他网站提供信息方面的支持，既扩大了影响力，又为开辟更多赢利渠道打下基础。而网络媒体本身具有的多媒体性与可检索性，使得报纸媒体的信息内容增加其丰富性和便利性。

（二）全方位的合作互动。国外大报的报网互动，不仅在于内容，还有团队、广告、形式、资本等方方面面。实际上，这样一种报网互动的方向反映了目前媒体的一种发展趋势——媒介融合。正是因为这样的全方位的合作互动，使得媒体之间能共同促进，共同发展。

（三）围绕着赢利目标进行。与前几年不同的是，当前相当多的国外大报网站已经赢利，网站的赢利还能够弥补报纸的损失，同时也为报纸的赢收开创更多的渠道，如延伸报纸广告渠道等，这启示着我们，报纸网站并不是赔钱的买卖，也不是夺去了报纸的眼球，而是能够实现赢利，甚至带动报纸赢利的媒体。

当然，传统报纸只在技术上跟进是不够的，还要及时了解读者对报纸及网站的期待。像前面提到的《华尔街日报》网络版副编辑主任戴维·佩蒂特就介绍说，在WSJ.com创建十周年之际，他们请读者展望未来，描述他们心目中2016年的理想新闻网站应该是什么样子时，有读者就要求首先要过滤新闻，如今人们接收的新闻和信息太多了，读者需要经过编辑处理的新闻报道，以最大限度地节约他们的时间。有读者则想要使用新的方法接收新闻，比如说希望使用新一代手持型设备接收新闻，而不仅限于在网页上浏览新闻。还有读者希望广告能够少一点，尤其是那种动画广告或者以跳出窗口形式出现的广告。

这些都是读者希望网站未来能够具备的一些特点。适用于《华尔街日报》，也可以推广到其它报纸。据《科技日报》报道，截至2006年7月，美国排名前40的报纸中有39家报纸都已经整合了宽带视频技术。其中有些报纸仍然处于视频内容开发的初级阶段，但是这些报纸都打算在视频技术上投入大量的时间和财力，表明这些报纸正在努力成为未来新型宽带影像发行价值链中的重要参与者之一。相信未来的报网互动将愈演愈精彩。

（作者单位：暨南大学新闻与传播学院）

注释：

①《〈华尔街日报〉变脸 无缝对接网络版》，www.xinhuanet.com2005年10月17日，来源：第一财经日报。

②《谁将成为21世纪传媒赢家？》，http://www.chuanmei.net 2002年12月27日。

③潘天翠，《〈华尔街日报〉网络版成功的背后》，www. xinhuanet.com2006年6月09日，来源：《网络传播》。

④徐倩 王利军《"灰色贵妇"的网络外衣 〈纽约时报〉网络版探析》，人民网——《传媒》杂志2006年6月19日。

当互联网的狼爱上纸媒体的羊

——点击传媒生态圈的四大乱象

□支庭荣

回顾过去的 2006 年，“拐点论”一出，四座惊魂。往远点看，珠江模式已创立 20 周年；往近点说，都市报业和报业集团走过了 10 周年。可以确定的是，中国传媒业到达了一个前所未有的制高点。但是，对于前路是坦途还是峻岭，市场发出的信号，以及人们的种种判断，依然混乱多过清晰。鉴于此，本文拟借用几个寓言式的视角，来对传媒产业的宏观图景作一简单的评点。

狼爱上羊：掂量新媒体的杀伤力

继千禧年之交第一次互联网热潮之后，近来加盟新媒体再次蔚然成风。从南到北，一批传统媒体中响当当的角色，纷纷向新媒体投诚。腾讯、网易等网络新贵，人力资本陡获增长。看起来，新媒体的狼，已经无可救药地爱上了纸媒体的羊！

“狼来了”的隐喻曾被专指于虎视眈眈的跨国传媒。但是“三月的春闱不揭”，他的心如寂寞的小小的城，始终不得其门而入。以至于狼熬成了狐，虎熬成了猫。现在，只有新媒体作为传播科技和全球化的前锋，先天具备狼的禀赋，在传媒大草原上枕戈待旦。

假如换用生态的观点看，纸媒体倒是多少有点羊的特征。新闻纸直接来源于自然，读者几乎都是大众草根市民。在传媒业的生态圈里，把报纸看作是位于处于食物链的低端并不为过，虽然这么说有点简单化。与此相对照的是，新媒体是工业化的产物，吸引了较为高端的人群，正在蚕食着传统媒体的市场空间。而且，传统媒体也在养活新媒体，在为新闻网站提供稿源，并承担运营成本。那么，新媒体真的是狼吗?

这正是人们聚讼纷纭的地方。正方说：Web2.0如病毒一样地传播，可能或即将吞噬传统媒体，极端的表达方式是“我们将化为泡沫”；反方则说：网络广告对于报纸分类广告的蚕食，几乎可以忽略不计，关于网络媒体“狼来了”的判断言过其实，且不符合国情。

当然，新媒体的发展不见得都很风光，新媒体也许最终亦不可能将传统媒体赶尽杀绝，但是，新媒体无可置疑地在抢夺传统媒体赖以生存的各种资源，并将首先淘汰行动迟缓者，即使巨人也会倒下，即使不死鸟也会销声匿迹。看不到这一点，羊终究是羊，终究要受“羊群效应”的制约。“羊群效应”常见于企业行为中，指的是如果一头羊发现了一片肥沃的绿草地，并在那里吃到了新鲜的青草，后来的羊群就会一哄而上，争抢那里的食物，全然不顾旁边虎视眈眈的狼，或者看不到其它还有更好的青草。

在传媒生态圈中，羊的哲学无以修身，羊群总是局限于一个竞争非常激烈的行业，对新的“青草地”视而不见，将蓝海战略弃置不顾，这不符合迅猛发展和持续发烧中的媒体现实。传播科技向来就是双刃剑，顺者昌逆者伤。因此，羊也需要爱上狼，羊也需要去流浪，羊也需要去远方。

鸡兔同笼：谁是微利时代的获益者

国内媒体的上市一直雷声大，雨点小。去年，出版界的奇迹《故事会》，作为一项优质资产注入新华传媒，并借壳华联超市一头挤进了资本市场。从规模来说，国内中型以上媒体数千家之众；从人均利润率来说，超过故事会文化传媒娱乐公司的凤毛麟角。

这不由让人想起古代的《孙子算经》。该书记载了这样有趣的问题：“今有鸡兔同笼，上有三十五头，下有九十四足，问鸡兔各几何？”求解这样一道代数题不难，难的是在媒体圈中，市场迫使我们去分辨出孰是鸡，孰是兔。虽然古人公孙龙提出过“鸡三足”的命题，但那并不妨碍我们追问：众多媒体的利润率水平是互相接近呢，还是千差万别?

事实上，传媒对运营环境的不同体验也反映了这一点。“冬天论”和“春天论”都有各自的拥趸。正方坚持报业整体步入衰退期，面临寒冬；反方认为部分日报仍然保持营收的好势头，且受到一定程度市场垄断的保护。正方断定中国传媒暴利时代终结，微利时代来临；反方认为中国GDP和对外贸易继续强劲增长，将有力支撑传媒业发展。双方的声音都很响亮。

有两个不能被忽视的因素是，一方面，GDP的稳定增长几乎可以确定地在推动传媒产业的整体规模逐步上升。所以人们对媒体的消费总水平不是下降了，而是提高了。至于对哪一种类型的媒体消费增加了，对哪一家媒体的消费增加了，则是另一个问题。另一方面，媒体之间的竞争，是越来越激烈了，传统媒体的霸权逐步让位于新旧媒体间的均势，已是不可阻挡的潮流。在两种因素的共同作用下，北国之冬，正是南国之春，不过全球的大气候在变暖。

相对而言，成熟报业上升的空间已然不大。在美国报业经济史上，从1950-2005年，有11个年份广告收入是负增长，尤其是近几年，明显处于衰退中。在国内一线城市，有的著名大报的绩效也可以用惨烈来形容。然而也没有充分的理由过于悲观，毕竟丛林法则并不是唯一起作用的教条。

希腊神话中有个斯芬克斯之谜，猜的是早上四足、中午两足、晚上三足行走的人。朝去暮来地轮回兴替，也许正是永久的宇宙定律。我们关心的是，谁会是那个效率、利润率最高的两足动物？在面临相似的市场环境下，谁能成为竞争的标杆？在特定的制度框架下，谁扔掉拐杖就无法生存？

猫鼠游戏：受众即下一代媒体

以超女和好男儿为标志，中国媒体已经迈入娱乐世纪，跃进了一个全民狂欢总动员时代。央视青歌赛的观众人数高达上亿人，广东电视台一个部门举办的云山歌王大赛也赢得满堂彩。受众的渴望、人性的真谛也许没变，但是市场的形态真的改变了。

尽管不能把受众的一切变化都归因于互联网，不过自网络诞生以来，受众开始不再是被动的靶子，受众至少在技术上真正接近传播的中心。MySpace、YouTube这样的网站，把你和我带进了传媒世界。流风所及，连新闻公司在美国新创办的全国性电视网，也取名为MyNetworkTV。

媒体和受众的关系，让人联想到了猫和老鼠。它们不仅是经典的动画片主题，而且成就了跨国传媒迪斯尼公司。米老鼠是千千万万儿童喜爱的卡通形象，千千万万个受众，又何尝不是米老鼠自己。

在每一个娱乐现场，正方会争辩说，人的力量在那儿，关键是将他们网聚起来；反方则认为，娱乐他们，就是“愚”乐他们。殊不知现代版的猫和老鼠，依然有敌进我退、敌驻我扰的天性，但那不过游戏而已，彼此早已相濡以沫，和平共处。试看今日之域中，不过是老鼠的天下。老鼠可以自由寻找自己的奶酪。

互联网对共享版权的突破，对长尾的链接，对六度空间理论的验证，为传播学视域和消费者主权增添了许多新亮点。拿六度空间来说，20世纪60年代，耶鲁大学社会心理学家米尔格兰姆设计了一个连锁信件实验。随机发信给居住在内布拉斯加州奥马哈的160个人，信中放了一个波士顿股票经纪人的名字，并要求每个收信人将这套信寄给自己认为是比较接近那个股票经纪人的朋友。朋友收信后照此办理。最终，大部分信在经过五六个步骤后都抵达了该股票经纪人。六度空间的概念由此而来。这个实验，体现了一个似乎很普遍的规律：社会化的现代人群之间，都可能通过“六度空间”而联系起来，绝对没有联系的A与B是不存在的。而互联网，正好为六度空间提供了绝佳的传播载体。互联网对群体的影响、人际的影响，远比传统媒体来得深刻和有力。

不言自明，受众就是信使，受众必定会把信送给加西亚，受众就是媒体本身。有人出租自己的脑门来做广告，那是营销的噱头。有人为Web2.0贡献自己的日志或视频，他是在将自己融入社会化网络的洪流。

受众市场的变化正在塑造着传播的速度、形态、内容和接触方式。在这一场不眠不休的热战中，最终不会一脚把猫踢出局，商业法则注定是新瓶里的旧酒。

青蛙与蛇：摇摇欲坠的自我认同

2006年的互联网，带来的不仅仅是怒放的鲜花，还有带刺的荆棘。无数的媒体同时卷入了网络暴力、恶搞，以及性、谎言、录像带的炒作中，赖以孤标傲世的专业主义精神和职业伦理就这样在板砖下被无情地倾覆，真是匪夷所思。人们不禁要问：参与了这一切的是媒体吗?

我们先从一组参照物说起。在美国电视媒体的 logo 中，NBC 的彩色孔雀图案是世界上最为醒目的标识，迄今已逾半个世纪。NBC 历史上曾用过字母组成的蛇形图案，未获好评。另外一个更为不幸的是原华纳兄弟电视网的吉祥物，一个卡通青蛙形象，因遭到环保组织的猛烈抨击而被中途废止。

青蛙与蛇或许还有其它浪漫的故事。在生物界，蛇吃青蛙，牛蛙吃蛇，都是性命相搏。本文撇开其它因果不谈，宁可从中解读出媒体的自我认知，以及因认知不当而引起的颇为严重的后果。

上文说的青蛙与蛇，在美国电视媒体中其实属于例外和偶然，更为主流的是 NBC 的“眼睛”和 ABC 的“圆”，它们都与电视摄像机的镜头有关，寓意着这些大众媒体的看门狗功能。

反观国内的电视媒体，除了 CCTV、凤凰卫视和东方卫视，有几家不是在 logo 上标明我是哪儿的? 有几家的 logo 是在表明我是干什么的?

媒体对利润的追逐应该止步于伦理，管制的疏漏不是失范的借口，对自我的认知应以道义和责任为本位。

曾听到有这样一种议论，对于中国电视人一年的广告经营额，竟然赶不上中国移动的“拇指经济”，很是愤愤难平。其实，传媒创造的货币价值并非是这个产业的全部。受众平均每天 4 个小时的媒体消费，当中蕴藏着难以计量的经济价值和社会价值。

无论市场化的进程如何，媒体的理想、媒体的清醒认知依然重要。如果媒体认同于一只青蛙，那么或许会像“青蛙效应”实验中所展示的，渐渐地在温水中失去知觉。媒体找回自己，认同危机才能消弭于无形。

从宏观上说，传媒产业正处于微量多向调整期。宏观之乱不应模糊微观的能见度。传媒个体的活跃与否，取决于对科技、竞争、市场和自我的把握与权衡。

（作者为暨南大学新闻与传播学院新闻系主任）

执意纯粹　达观常乐

——凤凰卫视“名人面对面”许戈辉与范以锦对话实录

画外音：在中国报界，南方报业传媒集团可谓独树一帜。尽管这个名字或许对于普通读者而言还有些陌生，但它旗下的报刊，无论是“记录时代进程”的《南方周末》、“负责报道一切”的《新京报》，还是以“办中国最好的报纸”为己任的《南方都市报》、推崇“新闻创造价值”的《21世纪经济报道》，都成为了大部分中国民众获取阅读快感和知识氧分的必要途径。南方报业传媒集团，从小到大，由弱到强，有一个人见证了这样的成长，他也被称为南方报业的“掌门人”。

范以锦：如临深渊、如履薄冰。

有一些事情，我认为我可能没有做错，但有的人可能认为我做错了。

不仅对我的部下，还有对上，该解释的我会解释，我觉得领导也不是神仙。

范以锦与许戈辉合影。

画外音：范以锦，1946 年生。1970 年进入南方日报社工作，历任记者、总编辑、社长、集团董事长等职务，是当代中国报业“媒体多品牌战略”的倡导者和推动者。2006 年 11 月从集团领导岗位退下来。

许戈辉指着赵晓苏赠送给范以锦的漫画说：范社长，我发现您的这一幅画特别有意思，和您这个办公室相对严肃的那个氛围形成了一个反差。

范：是，叫卸任图。

戈辉：老范说，不当新闻官的感觉真好，我知道这是您的原话。

范：对！对！对！

戈辉：不当新闻官的感觉真好。

戈辉：您看那个绷紧的神经一放下的话，人就变得特别放松，特别开心，还穿着长衫，摇着扇子，悠哉游哉的。

范：对。

戈辉：这后边什么呀？这您原来挑的担子。

范：后面那个担子可以理解为是报纸。你看我们集团有那么多报纸，这些报纸压在我肩上，责任非常重大。

戈辉：而且那么多份报纸。

范：沉甸甸的，沉甸甸的。

画外音：范以锦肩上担子的重大，源于对“南方风骨”的传承和延续。在中国特殊国情下，最大限度地表达真实，成为了南方报业旗下诸多子报追求的理想，然而理想与现实的矛盾常常使范以锦经受考验，就在他快退休前，还流传着他将被罢免的消息。

南方报业集团内部资料，范以锦离职讲话片断：

从今天开始，大家可以叫我老同志了。我们老同志见面的时候，往往会关切地问一句：“安全着陆没有？”今天，历经风风雨雨之后，范以锦终于安全着陆了（长时间热烈掌声）。

戈辉：“我今天终于安全着陆了”就一片掌声。

范：对。

戈辉：显然对于安全着陆，大家心里都非常地感慨。

范：感慨，对。

戈辉：您觉得这个背后，都有一些什么样的含义，您曾经做好过不安全着陆的准备吗？

范：在前进的道路上充满着陷阱，我讲是如临深渊、如履薄冰。压力是两方面，一个是政治上的压力，就是因为我们的某些报道引起了方方面面的不满，那你要去化解，要去解决，而且解决又得平稳；还有一个压力就是经济上的压力了。考虑社会效益同时，又要考虑经济效益，这点对我们新闻官来讲，压力是非常大的。

戈辉：您总是要求年轻人，你们要想更辉煌一些，就需要更痛苦一些。

范：对。

戈辉：那回过头去看您这几十年的报人生涯，20几年做高管层的生涯。最让您感觉到骄傲的辉煌是什么？最大的痛苦又是什么？

范：我觉得从痛苦来讲，就是我们的工作应该讲是非常艰辛的，外界的人可能理解不到，他们也看不到，但我们内部人都很清楚。比如，我担任这个集团的领导班子成员尤其是总编辑之后，我总是推迟下班，回到家里，就一边看电视，一边吃饭，思考自己的报纸明天哪些需要刊登，我们要看一看，要了解情况。看完电视之后，赶快冲凉（洗澡），在这个时候我们的夜班编辑就刚好要上夜班，所以这个时候他们就要打电话来请示了，每次打电话范以锦都说冲凉，范以锦怎么搞的，老爱冲凉，其实是因为这个时间很凑巧。长年累月地就是工作，应该讲是非常艰辛，艰辛。

画外音：为了报业的“辉煌”，范以锦一直做着“承担痛苦的表率”。至今很多《南方周末》的老员工都不会忘记，在他们最艰难的时候，范以锦给他们讲话。首先表白的就是：“我当老总，是把乌纱帽放在桌子上的，随时准备被摘掉。我不在乎自己的乌纱帽，我在乎《南方周末》的安全，不改革发展会死亡，不考虑国情，盲目往前冲也有危险。”

范：有一些事情，我认为我可能没有做错，但有的人可能认为我做错了，那么我必须要将这些问题解释清楚，包括向上解释，领导也不是神仙嘛，说法不一定都对。要做这个工作。还有就是我们下面可能有时他们会很激烈地反映，他们反映的意见有一些是对的，有一些可能也不一定完全对，那么我也必须要去给他做工作，要解释清楚。在整个过程当中，包括我们跟上面的沟通，跟下面做工作，那不是说很简单的事。我认为，是什么问题解决什么问题，要实事求是，对问题的解决要抓好，但对人的处理要适度，不能够动不动就说这个撤职、那个撤职，这样的话，我们的报纸就没有办法办好。其实发生的一些问题，作为我是第一把手，我自己有管理的责任，所以我本人，我要主动地承担这个责任，我自己主动要检查我在办报过程中发生的一些问题。我觉得这几年尽管发生这样那样的问题，但总体来讲，我们还是把它化解了。

画外音："总有一种力量它让我们泪流满面，总有一种力量它让我们精神抖擞，总有一种力量它驱使我们不断寻求'正义、爱心、良知'。这种力量来自于你，来自于你们中间的每一个人。"这段话来自新千年《南方周末》的新年贺词《阳光打在你的脸上》，这篇文章已被很多人奉为经典。《南方周末》长久以来被很多知识分子视为自己的精神家园，但是近年来，关于它日渐平庸的声音，却越来越多。

范以锦与省委老领导任仲夷、吴南生、林若在一起。

范：因为整个社会处于转型时期，社会矛盾会比较多一点，舆论环境要求我们在舆论监督方面既要积极，同时也要比较稳妥，这样《南方周末》关于舆论监督这方面的比例不得不进行了调整。调整以后，有一些读者他喜欢这种口味的，就觉得《南方周末》没有这方面的东西看了，他就觉得好像没有什么好看了。但《南方周末》作为这么一种高品位的报纸，它有很多题材可以做，它追求社会进步，推动社会进步，讲社会的正气，它这种品格还是可以继续保留的，它可做些什么呢，做有深度的有高度的，它对问题的看法可以有自己独特的视角。

戈辉：南方周末自己的记者写文章，说觉得现在的报纸，已经限制了记者说真话的权利，所以他们表示要提出辞职，那么对于这样的记者，您会对这些记者有什么样的话要说。

老范：我们的记者追求新闻理想，跟考虑我们的国情、我们的社会现实，要一致起来。我认为，作为一个记者你没有理想，你没有抱负，你不想去做事业，是没有前途的，这张报纸也是没有前途的。但另外一个方面我认为也要考虑我们的国情、我们的社会现实。南方周末有一些同事，他们对办报环境可能不是很满意，所以有的人就辞职了，跑到外面去了，但是很奇怪的是，出去的人，又有回来的，而且回来的也不少。回来的人中有的讲，转了一圈，觉得南方报业传媒集团办报的环境还不错，也看到南方报业很有发展前途，所以他们又回来了。

戈辉：我看到您这边还有一幅字“执意纯粹”，下边那个落款写的是范叔叔以锦雅正，既然叫您范叔叔，一定是一个年轻的晚辈送的了。

范：是进到我们报社不久的一位年轻的记者送给我的。

戈辉：如果一个年轻的记者送给您这四个字，您还把它这么认真地挂在这，说明您很喜欢这几个字。

范：我很喜欢，就把它作为座右铭，作为我做人的一种原则吧。

戈辉：执意纯粹，您怎么理解纯粹这两个字？

戈辉：那我看到您那边还挂了另外一幅字，叫达观常乐，是吧？

范：对。

戈辉：那达观常乐和执意纯粹，这两种追求也好，或者叫境界也好，看起来似乎有一点矛盾，就说不太容易同时做到，对吧？如果一个执意纯粹的

人，他会很执着。

范：达观常乐，就是讲我的胸怀，是吧，我们胸怀要宽阔，视野要宽阔，要看得更加长远一点。如果你的事业很宽阔，你心胸很宽阔，那么你就会感到非常的快乐。执意纯粹是不掺杂别的东西，比较单纯，就是说你自己不要把自已复杂化了，必须保持洁身自好，自己要非常爱惜自己，不会为了个人的私欲拼命去追求。这样也会感到快乐的。所以，我觉得这两者应该联系在一起来看。

画外音：很多人认为，靠个人的努力而不是制度建设很难使企业可持续发展。然而，在复杂如中国的今天，即便是一个制度完备的企业，没有一个强有力的领导者，也许连生存都无从谈起。在南方报业的“范以锦时代”，南方周末报系、南方都市报报系以及21世纪报系这三大报系成为了集团的支柱，“龙生龙、凤生凤”的多品牌战略逐渐完善，即使在范以锦主事的末期，他仍在积极推动着媒体的跨区域经营。

画外音：清新的版面、突出的评论、延续“南方”风味的报道，迅速使北京的读者认识了《新京报》，并成为北京主流人群中最具影响力的报纸之一，在经营方面，到了第三年，《新京报》也开始盈利。但是2006年突如其来的一场变故，却让很多人都始料不及。

戈辉：一说到跨区域经营的话肯定会碰到这样一个词就是水土不服，您觉得双方的合作有遇到水土不服的问题吗？

范：双方合作我认为是会碰到一些问题，到现在来讲它肯定也有。

戈辉：事实上中间是有一些问题，有一些事情出现。

范：有一些事情，有一些波折，这个大家都知道的，中间会有一些波折，队伍有一些动荡。我们在办报过程中也会发生这样那样的矛盾，出现这样那样的问题。方方面面对这个媒体也很关注吧，关注的过程当中也会有各种各样的看法和说法，我认为是很自然的，凡是新生的事物它难免会发生这样那样的问题。如果因为发生这样那样的问题，就认为它不行了，我认为肯定是不客观的。发生了问题我们以积极的态度把它解决好，保证这张报纸平安、健康、发展。当然，也不能因为要平安、健康、发展，不能因为发生了问题，你该做的你不做，该创新你不创新，我认为这样是不行的。这张报纸包括它的体制的创新，我们合作的双方怎样处理得更好，这需要光明日报报业集团和南方报业共同努力解决。

戈辉：有篇报道标题一语双关叫《好人好报》，您自己表示过说我觉得很知足很幸福，但是您其实是苦孩子出身是吧，父亲对您的影响很大，您曾经说父亲的这种为人处事，影响了您一生，是这样？

范：我的父亲他是非常宽厚的一个人，个人没有多大的欲望，很随和。

戈辉：对，我为什么感兴趣，希望知道一些您父亲的事情，我也是试图从您父亲的这种为人处事哲学里边，找到他对您的影响，找到您自己日后为人处事哲学里面的一些根源。

画外音：范以锦的父亲幼年时流亡海外，后因支持反殖民主义斗争被驱逐出境，返回中国。新中国成立后，他的父亲当过乡长和副镇长，但是后来，他父亲就做出了一个常人难以想象的“逆向选择”，“以干代工”成为一名汽车司机，直到退休。

范：我跟他比可能我比他还是有点差距的，他基本上就没有过多的欲望，你说我们没有欲望也不可能，也一定会有一些欲望的，有随和的一面，可能

范以锦与父母兄妹在一起。

马来西亚，范以锦与外祖母、母亲、哥哥在一起。

也有坚毅的一面。我认为是这样的，原则的问题，我不会妥协，事关原则的问题，包括报业这个改革发展的问题、用人的问题，有些我们看准了的我觉得要这样做。尽管有议论，有的议论纷纷，包括上头的议论，那我还是坚定不移，我要推进，所以有时就是我定的一些主意，你想要改变我不太容易。至于说我随和，是这样的，你有意见我会听，哪怕你是反对我的，哪怕你对这个意见很激烈，我认真地听，听了我不是用一种发脾气的办法对付你，我会慢慢跟你谈，我会跟你磨，我会跟你拖。

戈辉：所以您是温和的坚持。

范：有这种温和的坚持，有这种韧劲，原则问题你要说服我不是很容易。

戈辉：范社长，您这个桌子也够乱的，怎么没人帮您整理整理啊？

范：我现在退下来，现在整理得比较好了。

戈辉：这还是好的时候啊？

范：原来更乱，因为我没有设秘书。

戈辉：您是说您现在没有秘书，还是说在当社长的时候没有秘书？

范：当社长都没有秘书。

戈辉：当社长都没有秘书啊！

范：没有，没有。

戈辉：为什么呀？

范：我们这个南方报业的传统，我们前几任社长、总编辑，他们都不设秘书的。

戈辉：那电话呢，电话都怎么办呢，谁接？

范：电话？为什么要秘书来听电话，想让他挡掉一部分电话？但我是这么个感觉，既然他要给我打电话，肯定有事找我，包括有一些农民投诉打电话都打到我这来。

戈辉：农民可以直接就打电话打到报社社长这来啊。

范：他不知道怎么知道我电话号码。

戈辉：您现在因为已经离任了，到了暨南大学新闻与传播学院去当院长，您会不会觉得缺少一个很大的平台，现在我觉得以您的年纪以您自己积累的经验来讲还正是应该继续去扩大您的这种品牌战略，进一步去实施您的这些战略，来实现您的理想，会不会觉得现在一下没了这个平台。

范：我不会有这种感受，我觉得我应该从这个平台上退下来了，我现在觉得，大学里面它是个很大的平台，平台是什么呢，现在我们的新闻教学我认为相对是滞后的。

戈辉：您认为我们新闻教学是滞后的。

范：还是滞后的，新闻教学滞后。

戈辉：体现在哪些方面？

范：我们现在报业有很多新的创造，这几年很多的创新，在我们新闻教学里面，可能是看不到的，如果我把这些资源带过去，对他们来讲是新的，对我来讲是个新的平台。我很喜欢跟年轻同志交朋友，无论是老的还是年轻的，找到我，要跟我聊聊天，我都很喜欢跟他聊聊天。我到大学去，大学生老是想跟我交流、对话，我们主持会议的人说，哎呀，老范，讲了那么久太辛苦了，是不是停一停？我说没有关系，他们想提问继续提问吧，没有问题，就像你许戈辉一样的，今天老是提一些问题，但是我觉得我心态还是很年轻，喜欢跟你们交流，你们提问的，提出的问题，我觉得也会使我的心态更加年轻。

画外音：“执意纯粹，达观常乐”、“如临深渊，如履薄冰”、“不做新闻官的感觉真好”，这些范氏语录，因为有了种种传闻作为注解，显得更加意味深长。也正是因为有了这样的风雨和传闻，“报人老范”两个普通的词语，却如此贴切。

范：现在有一些年轻同志来了以后，他不知道我们的传统习惯，所以也有一些叫我职务的，但叫我老范，我觉得非常亲切。最近，我到北京去开会，突然有的人就叫我范老了，我说今年3月份我正好61岁，叫我范老还不够格，叫我范老是不是快了点，可能他们看到我已经退下来了，退下来了，叫范老可以了。哈！哈！哈！

（实录于2007年3月18日凤凰卫视“名人面对面”）

两会报道及其背后的媒体立场

□林楚方

向总理提问的背后

总结南方周末“两会”报道，可以从温总理记者招待会开始。这次记者招待会，南方周末编辑部精心筹备，却最终与提问机会失之交臂，但“运作”过程也体现我们两会报道的“野心”吧。

3月14日晚，报业集团领导来北京看望参加两会报道的记者们，杨社长问两会进展，我告诉他，马昌博已获得总理记者会的邀请函。杨社长问：“能否提问？”我说：“我们在努力！”

杨社长说，“你这样和人大新闻局的同志说，如果南周记者能获提问机会，本届人大、政府，一定会在海内外获得非常正面的评价！”

3月15日下午，张德江书记看望广东媒体记者。电梯上，再遇杨社长，我问：“杨总，您能否给人大那边打个电话，争取提问的机会还是有希望的。”杨社长点了点头。

南方周末

代表人民：
他们将继续说真话、道实情

乡村老师豆洪波的幸运短信

用文明发展中国 用文明告诉世界

两会专题

解决好民生问题
始终是政府的核心任务

之前已经和人大相关负责人通电话，对方表示尽可能帮忙，但我还是希望杨社长能出面，集团要整合资源，先把杨社长整合进来再说，我希望能借助杨社长的力量，拼一拼！

接见一结束，我把杨社长拉到一边，他说："你现在接通，我和他们通个话。"我接通了一位领导的电话。杨社长接过电话，首先感谢人大对周末的支持，又讲了总理记者招待会的事情。对方表示尽量协助。

3月15日晚8时左右，我做了最后一次努力："× 老师，如果南方周末能够获得向总理提问的机会，在中国新闻界，将是一个巨大事件，对本届人大和政府形象将是一个巨大提升，以万计的南方报人会赞赏本届人大的开放、开明，事实上，你们邀请南方周末报道两会已经起到这个作用，索性我们更进一步吧！谢谢您，× 老师！楚方。"

这个短消息还留在我的手机里，是发给全国人大一位负责人的，这是最后的争取。

3月16日上午，记者会召开时，从北京到广州，同事们都在期待奇迹发生……一个记者站起来，又一个记者站起来……倒数第二个，第一个……新华社记者也没有获得提问机会，机会大多给了外媒。人大有关负责人对小博（前方记者马昌博）笑笑，表示无奈。我们知道他尽力了。

我随手给小博发了一个短信："小博，你尽力了，我们等下次吧。"这个年轻人累极了，他和另一位年轻记者赵蕾已连续半个月每天只休息四五个小时。两会一结束，全都病倒了。

尽管没有获得提问机会，但南方周末的两会报道还是以《赶考2007》谢幕，作为编辑，我必须感谢一线记者马昌博、赵蕾、张悦、向郢、苏永通。

值得肯定的还有南方周末编辑部那个多少有些大胆的方案。

大胆的方案

南方周末获邀请报道两会，不仅是周末多年努力的结果，也是人大新闻工作的一个突破，换句话说：谁也输不起。

经过多次讨论，初步形成了内线外线联合作战的两会报道框架：上会记者只有一个任务：紧盯政治明星，紧盯重点代表团，做好专访，做好直击。

这确实是一个大胆方案，这个方案来自南方周末同事们的一个共识：以南方周末品牌，采访普通代表、委员，发表一些大胆言论，很容易做到，也最好交差，但我们上会的价值就失去了，此外，我们也无法和日报、网络拼命日常信息。

所以，南方周末要做的，一定是别人做不成、不敢做的事：报道中国政治明星。之所以说这是个大胆方案，是因为如果直击和专访失败，我们辛苦获得的两个“中央级媒体”证件将失去意义。

春节后回到广州，编辑部又召集两会报道组成员继续研讨方案，讨论最终形成的方案，除原有的“预热”报道、专访、直击报道外，还增加了“本届政府这四年”、“中国经济增长是否面临拐点”等报道。

以《本届政府这四年》为例，我们之所以选择“四年”概念，是因为明年政府将换届，而本届工作在过去四年已有眉目，到了可以梳理的时候。还要感谢李红平，他用 4000 个汉字，再现了四年来的政府工作。

方案确定后，就看执行了。编辑部要求编辑前移，派我到北京统筹，我没有选择，只能忠实地执行编辑部确定的方案。

3 月 1 日是两会专题第一期，我们发表了《代表人民：他们将继续说真话、道实情》（赵蕾）、《两会热点议题前瞻》（马昌博），我们把这一期叫作预热，因为两会还没有开始，我们希望能起到提前设定议题的作用。

从这个时候开始，赵蕾、马昌博两位上会记者就全力放在专访和直击上，3 月 8 日是两会专题的第二期，外线同事发表了三篇报道：《本届政府这四年》（李红平）、《半个世纪的人代会故事》（张悦）、《中国经济面临拐点？》。

3 月 15 日是两会专题的第三期，寿蓓蓓、马昌博、赵蕾、张悦、向郢等几位同事将两会报道推向高潮：《赶考 2007》。本专题以专访卫生部长高强为开篇，王珉（吉林省委书记）、孟建柱（江西省委书记）、戴相龙（天津市长）等四个省部高官接受南方周末专访，李克强（辽宁省委书记）、韩正（上海市委代书记）、张春贤（湖南省委书记）、薄熙来（商务部长）等政治明星在南方周末集中亮相。在主流媒体纷纷以时政报道为核心竞争力的现实下，南方周末达到了一个高度。

这里还要提及一个细节，在最艰难的时候，前方记者几乎采访不到任何一个省部高官，有同事指责：你们这个方案太冒险了，最后一个都采访不到，你们怎么交代？是呀，怎么交代？我也曾怀疑这个方案的可行性，最终还是坚定下来，事实证明，坚持下来是对的。

报道背后的媒体立场

我们加大对中国高层执政者的报道，并不意味着我们在仰视权力，也不意味着我们失去了南方周末的媒体立场。

南方周末

两会专题

"赶考"2007

2007全国"两会"十大言者

高强：医改绝不能市场化
戴相龙：天津一直跟着
王珉：吉林应该走什么路?
张春贤：用互联网听民意集民智
李克强：执政者民生为重
韩正：加强行政权力监督
"围堵"薄熙来

高强：医改绝不能市场化

两会专题

2007"两会"十大言者

此次两会是十七大前的最后一次全国两会，两会新闻包含两层含义：一是会议议题，如民生等；二是新闻背后的新闻，及为海内外媒体所关注的，谁将走进中南海？谁将成为中国未来执政者？他们会有什么样的表现？

我曾征求新华社负责两会报道的负责人的意见，对方认为，此次两会最重要的新闻就是"人"，是政治明星。

毕竟，中国的媒体还不能充分地报道官员，而年底，十七大就召开了，将有部分省部官员在仕途上更进一步，他们中的一些人将在未来若干年内，决定人民命运，而人民，他们服务的人民对他们知之甚少。因此，传递政治明星们更多样、更真实的信息，正是媒体的责任，加大政治透明度，加速信息流动，更是一种媒体立场。

南方周末从2002年前后开始加大时政报道力度，并以时政报道为重要竞争点，到现在已五年，五年中，我们一直在探索，究竟要不要做，怎样做，做什么，以什么立场做好时政报道。

现在，“要不要”的问题已解决，关键要解决怎样做的问题。

怎么做？作为时政版编辑，我对时政报道的读者定位是：核心圈，中国公务员群体（他们掌握着权力、资源，是决策系统中人，时政报道必须对这个群体进行精确打击）；外围，商界人士（他们掌握着资源，他们需要了解政治，政治和他们的商业王国息息相关）；再外围，学界、研究机构（除学者外，研究者包括中外研究机构等，他们需要了解中国政治相对真实的一面）；如果圈子再往外是中产阶级（新兴社会阶层，自由职业者，他们关注国家命运，对政治也有天然兴趣）。

以《赶考 2007》专题为例，读者看到的绝不是党八股的说教，绝不是官员们毫无章法、毫无个性的表态，绝不是空泛的议论，而是省部执政者，未来领导人的相对真实的一面，读者会看到——

吉林省委书记王珉直面回应“苏州出干部”、“民企原罪”、“舆论监督””，商务部长薄熙来回应，对非外交会给中国带来什么利益，辽宁省委书记李克强展现其锋芒，天津市长戴相龙说出“天津一直醒着”这样一句非常有味道的话，高强对宿迁医改表态，宿迁模式肯定或否定都牵涉医改大局，上海市委代书记韩正谈监督……

这些报道区别于传统党报党刊，恰恰是时政版目标读者的需要。我一直坚信，媒体最本分的工作是根据你的读者定位，报道信息，传递信息，所以，职业化操作才为第一要务。

所有的正义、理性、良知都必须通过职业化的管道传递出去，否则别的媒体无本质差别。

（作者为南方周末时政版编辑）

无证采访亦精彩

□李 艳

3月1日起，在新闻采访证严重缺乏的情况下，南方都市报派出9位记者赴京采访全国两会。记者发掘了《人大代表洪可柱痛批经济学家圈钱》等一系列的热点新闻、独家新闻，两会报道可圈可点。

8位前方记者，只有一张全国政协会议的采访证。全国人代会没有采访证，只有两张广东团的驻地证。

两会期间京城戒备森严，无证采访的艰辛、艰难是可想而知。要知道，全国两会采访的竞争之激烈、强度之大，那不仅是比拼速度，而且是比拼智慧、比拼耐力。然而，此次，我作为今年南方都市报全国两会记者的领队，常常发愁的不是记者无证采访，缺稿，反而是好稿太多，版面有限，稿件要PK上版，对此，我感触很多。

挖热点新闻

两会报道要有热点，有独家新闻，才能算得上成功。我用三个热点报道出笼的始末来与大家分享全国两会报道的心得。

方夷敏在外地代表团挖到了“富矿”。人代会开始前，她就给外省代表团的新闻官逐个打电话，希望他们能推荐本省的明星代表接受采访。湖北团的新闻官推荐了洪可柱。洪代表一口气给方夷敏发来十多份建议，这些建议观点新颖、颇有见地，其中对中国证监会股票发行审核委员会历届委员进行责任审计的建议尤为醒目。3月6日，方夷敏就此建议采访洪可柱，同时，会场内外联动，南方都市报跑证券的记者汪江涛配合采访了券商、业内专家，3月7日，《南方都市报》独家推出《人大代表痛批著名经济学者圈钱》，关

A08 重点

2007年全国两会

"医改方案年内出台?难!"

省卫生厅副厅长廖新波表示医改不能是卫生部唱独角戏

九成假药出自正规厂

A08 重点

"人大代表洪可柱痛批经济学家圈钱"追踪

厉以宁:有证据,你去告

洪代表:让历史来下结论

我为何点厉以宁的名

我曾经收到恐吓信

注股票发行审核委员会缺乏监管隐藏腐败，引起广泛关注。当天，在全国政协会议的分组讨论间隙，王雨吟采访了建议中被点名的经济学家厉以宁，还采访了在传言中没有类似行为的经济学家、代表中立方的吴敬琏，方夷敏则再次采访洪可柱，3月8日《南方都市报》推出《厉以宁：有证据，你去告 洪代表：让历史来下结论》。

为了做一个药品招标的题目，朱丰俊去广东省卫生厅副厅长廖新波的博客上找他对此的看法，却意外发现，廖新波认为新医改方案年内难出台。报题时，朱丰俊说到这一新发现，宋元晖立即建议，可调整报道方向，医改的出台时间更受关注，应突出处理。3月12日，南方都市报推出《"医改方案难出台?难！"》的报道后，记者严艳在后方又配合采访到卫生部新闻发言人毛群安对此的回应，他表示，高强部长透露的是权威信息。廖新波再次接受记者采访坦言自己并未因此觉得压力，"我说出台难卫生部高兴才对"。对于廖新波的新看法，新华视点发表评论《新看法引人深思》，"在人们还为今年医改方案将要出台欣喜时，《南方都市报》却以冷静的态度引人深思。这家报纸采访的广东卫生系统一位负责人表达新的看法：‘我认为在 2 到 3 年内方案能出台就不错了。’”

房价，是出发前就计划做的选题，但是从市两会省两会一路做来，如何出新意是个问题。我们首先把目光投向了全国政协委员中的地产巨头——祈福集团董事长彭磷基、宏宇集团股份有限公司董事长黄文仔。3 月 2 日，宋元晖、王雨吟专访到彭磷基，彭磷基认为“5 年后广州难找到万元以下房子”。3 月 4 日，在南方网直播室，就房价是否上涨，彭磷基、黄文仔表达了不同看法，黄文仔认为广州房价今年已经涨到底。当天，王海军在采访广州政协前主席陈开枝时，他表示广州的房价过了八千了，以他的工资标准，也买不起房。关于房价的观点交锋没有结束，3 月 11 日，贵州省省长、广州市委原书记林树森约见部分广东媒体时也坦陈了他对广州房价的看法，他认为广州房价不高，有的领导已住上 200 多平米还说买不起房。同样拥有地产开发商和政府官员背景的代表、委员，却对房价说出了截然相反的观点，这是今年楼市迷局的凸现。3 月 15 日、3 月 17 日，广州市市长张广宁就房价问题表示，政府的首要任务是保证中低收入家庭“居者有其屋”，政府将切实调整商品住房供应结构，以达到合理调控房价的目的。

A06 重点

A07

陈开枝：凭我的工资 也买不起房

建议城市规划优先考虑廉租房，但不要连片建设避免出现“贫民窟”

2007全国两会

房价

“广州房价今年已涨到顶”

收豪宅消费税“劫富济贫”

房屋无人住宜收闲置税

富人买别墅应交物业税

全面增值 领先创富

送您吉祥三保 一路招财进宝

皮肤病 用克里，不痒了没屑了

新型发明：治鼻炎，贴上就灵

抓人物访谈

南方都市报的两会报道中，人物专访在各报中几乎是最多的。《物权法（草案）》专家起草小组负责人江平，广东省副省长宋海，广州市市长张广宁，广东省高院院长吕伯涛……他们是两会现场备受关注的人物，在他们身上能挖掘到热点新闻，体现报道的权威性。

能一口气专访到这么多政要，得益于南方都市报这个好的平台，受访对象对南方都市报的喜爱、认可；得益于记者的现场突破能力、经验的积累和良好的合作性。方夷敏接到了林树森、陈开枝的采访通知，却被我调配给了其他同事。方夷敏利用有证的优势和个人的突破，成功约访了副省长宋海和省财政厅厅长刘昆，但这些访谈，也都让给了没有采访证的其他同事操作。

几点经验

集团作战的优势。出发前，集团召开赴京采访全国两会报道会议，杨兴锋社长、王春芙副总编辑作指示：集团内部系列报刊要建立联动机制，整合资源，最大限度地发挥各报优势，形成报道合力。我和集团前方总协调段功伟及时地沟通线索，互通有无，例如发改委银监会回应跨行收费的报道，就是田霜月和南方日报的徐林分工合作、紧密追踪完成的。有一次，南方日报的记者还帮助我们的两位记者进入广东团的驻地，获得了采访机会。资源整合，让我们感受到了集团这个大家庭的温暖，也为集团带来了更强的竞争力。

报社领导重视。第一，选派了阵容强大的记者队伍，6 名文字记者、2 名摄影记者，是历年来队伍最庞大的一次。第二，提前做好功课，出发前，报社相关领导两次就全国两会的报道召开采编会议，从南方都市报两会的报道特色、策略、运作手法到预计的热点选题都进行了认真讨论，对叩问幸福感系列中的股市、医改、房价、教育等热点题材做到心中有数，提前做准备。

记者现场突破力强。每一位记者都有突出表现，都有拿得出手的好作品。3 月 1 日下午，记者与政协委员乘同一班飞机赴京，机场贵宾厅侯机，约半小时的时间，王雨吟、朱丰俊“盯”紧了彭磷基、陈开枝，宋元晖“堵”到了钟南山、黄文仔，当时获取的新闻线索，在两会报道的第一天就推出了三个版的报道，我们的报道先发制人、电力十足。

采编有良好沟通，后方有强大的编辑团队。两会报道节奏快，记者交稿会比平常晚不少，正是因为有强大的编辑团队，才能让稿件即使晚到，也编得很出色。

报网互动好，“说吧”好生热闹、口水横飞。南方都市报全国两会报道继续设置了“说吧”版，“说吧”发挥了桥梁作用，将网友对两会报道的看法在报纸上呈现，将网友对两会的建议通过记者及时反馈给代表委员，部分还带到了两会上，例如奥一网网友希望跟总理网聊的意见，徐源远代表就此提交了建议。另外，“说吧”版还新设立了灌水区、热贴推荐两个栏目，灌水区将前一天的争议性话题，网友的反馈、热议呈现到报纸上。热贴推荐，编辑则认真收集当天网上反响强烈的热贴，一些外报报道引起强烈反响的热贴都会被推荐，让读者能读到更多的信息。3月9日的吴敬琏两会系列观点成网论靶子，3月12日演艺明星提案引发热议的专题，都是“说吧”版的优秀作品。

（作者为南方都市报区域新闻部副主任）

A08 重点
2007年全国两会
房奴崩溃时，可否破产保护
三问房价
付完月供没钱吃饭
房价高收入低，幸福感何在？
白领家庭因病卖房

城事 A05
保障中低收入家庭“有其屋”
专家砍药价当场见效
外来工 志愿服务队进社区
外来娃 与广州学生“手拉手”
华南医院管理“航母”起航

一次没有假想敌的军演

——南都图片报道《中国制造》编辑手记

□梁 音

2006年12月17日，南方都市报以48个版的规模推出了大型图片报道《中国制造》。以全景的方式描绘了中国的工业化、城市化与全球化的进程，“深刻而残忍”（天涯论坛评论语）地揭开了因为工业化、城市化、全球化而必然要导致的一切变化：那曾经建于农业社会土壤之上的理想、制度与秩序，也统统需要全盘更新；发生于新旧时代交替关口的种种紧张、矛盾与阵痛，无一可以幸免。

“中国制造”开始只是南都图片部在一次例会中提出的一个拍摄概念，但从这个概念落到纸面上的计划，再到现实中的拍摄，再到报纸的出版印刷，南都图片部实际上执行了一次超大规模的“军演”——没有假想敌。

中国制造

MADE IN CHINA

特B01

当时有一则新闻非常引人注目：富士康与《第一财经日报》打官司，因为后者揭露前者是血汗工厂，前者诉诸于法律。此事件也将“中国制造”是否等于“血汗工厂”的话题摆在桌面上。在策划阶段，图片总监王景春要求开拓想象力，以个性的眼光看待“世界工厂”，图片编辑陈军从理念上制定了一份大概的方案，但这只是一个概念，还停留在纸面上无法操作。而我认为，这样一个庞大的命题，依照摄影的特质，应该把命题分解掉，分到镜头可以触摸之处，才是一个可操作的计划。于是我具体提出了十组报道。它们都是并列关系的。

《中国制造》试图重振报道摄影的信心。不可否认，纪实摄影，报道摄影在国内已经走出了上世纪90年代的黄金时期。在不少平面媒体，报道摄影成了一块鸡肋——无论你想拍什么，都会沮丧地发现，这一题材早已被人涉足，而且别人做了这个题材的结终者。从另一方面来说，受众获取信息的渠道越来越多样化，报道摄影这种传播方式，如果不加以改进，是很容易在信息爆炸年代中被搁置。

与报道摄影的境遇不同，艺术摄影的市场却显现出强有力的上扬趋势，。

相对于昂贵的绘画作品收藏，摄影作品收藏的高品位、低价格获得了新兴中产阶层的青睐。而媒体摄影师的定位，似乎一时间也模糊起来。许多摄影记者身份上是职业的新闻传播者，可是作品却越来越个人化，风格越来越晦涩，态度也越来越暧昧，他们的职务作品和个人作品，简直是天壤之别，不像出自一个灵魂。

尽管在现时当下，摄影的个人审美的功能被放大到一个程度，但相对于绘画等其他艺术形式的不同，摄影的终极功能还是写实——即对现实进行编码，通过被最广泛的阅读完成一次完整的社会传播活动。而强化这一功能，必须以平面媒体的摄影师自觉自愿的行动做起。南方都市报操作《中国制造》，是一次大胆的尝试——籍由多个摄影记者对同一话题进行职业眼光的观察，最后整合成具有统一精神的职务作品，

当时还有一个背影景是：在48届荷兰世界新闻摄影比赛（简称荷赛）的评选中，德国摄影师 Michael Wolf 拍摄的一组名为《中国——世界大工厂》的作品获得了当代热点类组照一等奖。这拉摄影师将镜头对准了广东、香港一个个具体的工厂，在他的画面里，充满机械的流水线、抽像几何状的厂房，和像兵马俑一样的中国工人。一个外国人用镜头诠释“中国制造”这一概念时，虽然有“旁观者清”的优势，但无可避免地会打上西方主流意识形态——简单而纯粹。我们完全有理由相信，作为中国人，有能力在这个问题上看得更深更远。中国摄影师和 Michael Wolf 身处的环境不一样，注定了他们的情怀不一样。

以荷赛的语境框架看，“中国制造”就是血汗工厂的烙印。而我们所理解的“中国制造”，不仅仅是工人、工厂、产品这些冷冰冰的词汇。它是这

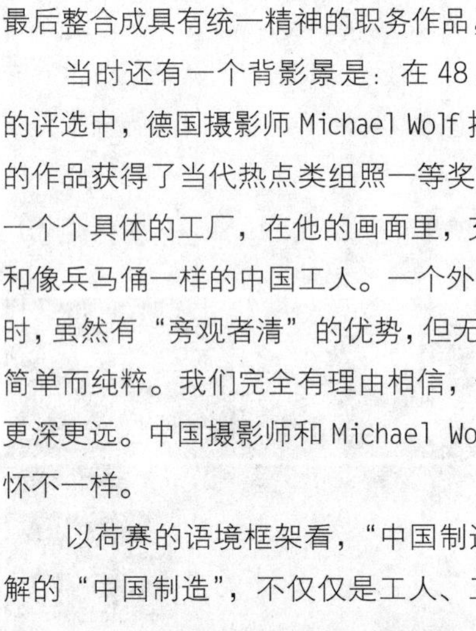

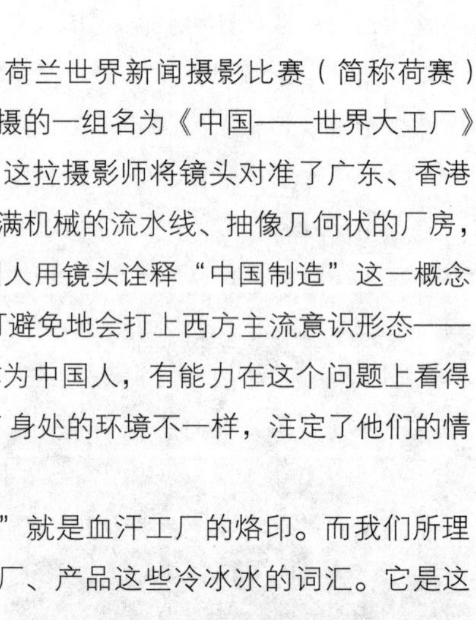

个国家城市化进程中的种种希望与痛苦，是这片热土上的种种煎熬与梦想，是这个经济体从乡野沃土的农业社会向新型产业转型的种种冲动与尝试。艾青说："为什么我的眼里常含泪水，因为我对这土地爱得深沉。"这种情怀，是一个外国人对中国不可能有的。

在操作这个题材前，图片总监王景春要求图片部要做"年度回顾的终结者"，因为每到年末，南方都市报图片部都会做一系列的回顾——无非是找出一堆当年的好图片，用一个概念，一个骚词儿串将起来，试图赋与这些"老照片"新的意义。可不管你怎么做，图片没有任何变化——连一个像素都没有。我们给它的种种意义，也有无数种可能性，就像历史一样，可以被这样装扮也可以被那样的装扮。所以我们决定在年终给出一个全新的话题，动员整个部门的力量，打造一个全新的作品，将它作为对这一年的一次交待，一次清算。

《中国制造》之所以有 48 个版的量，和这份报纸长期良好运作的体制有关，它对优秀作品的推介，往往当作是品牌的推广。在年底报纸版面极其紧张的情况下，南方都市报编委会为这个题材大开绿灯，为了保证版面的整齐，9 个整版广告，全部挪走，包括全彩印刷，为了保证印刷质量，提前签片，把印刷机的速度调低。所有的这一切，南都的高层都给予了强有力的支持。

铁西，重量级的告别

物语

蓝色丝路金色码头

受伤的仅仅是零件吗？

以48个版的规模来出版这样一个原创性的图片报道，它打破了以往图片报道以个人作品为主，一般几个版的惯例。在这里我们参照了获2005年普利策奖的最佳特写图片、最佳图片编辑的作品《最后的致敬》，它讲述的是一名在伊战中阵亡的美国海军少校遗体回国的事，《洛基山新闻报》用了24个图文并重的版面进行了报道，无论从形式上还是内容上对我们启发很大。

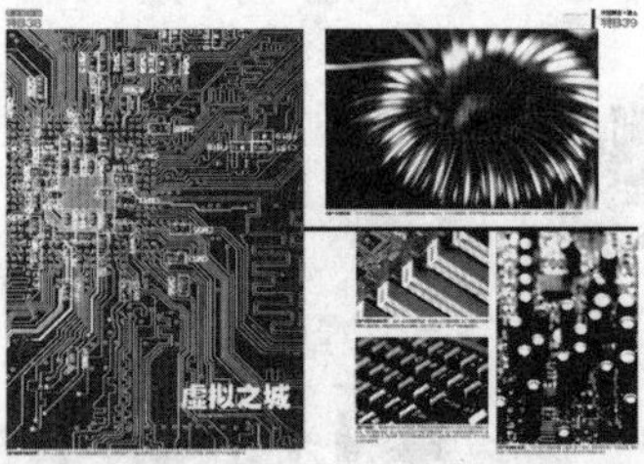

《中国制造》，说到底就是一群风格迥异的摄影师对一个题材的诠释，它绝不是个人的自省，但它又不是传统意义上的纪实报道，在这中间，有图片编辑的全程介入。

在记者摄影的过程中，图片编辑对摄影师的行程和进程可以说是了如指掌，而且针对前方的各种问题，都提出了有效的解决方法。图片编辑一直在告诉摄影师，你们单个人看一组题材是扁平的，低端的，而图片编辑在一开始看这个题材时就是立体的，多维的，他会尽最大的效能去体现每一组图片在整个报道中的地位和价值——好的摄影报道，不仅始于摄影记者，更始于图片编辑，在《中国制造》的操作中，这个理念得到了淋漓尽致的实践。

拍摄过程中，图片编辑一直在强调“木桶理论”——一个桶能装多少水，只取决于最短的那根箍桶木。同样，整组报道的的份量有多少，只取决于最弱

的那组报道。这使得摄影师们使出了浑身解数，不做最短的那根箍桶木。图片陆续回来的过程中，我们发现十分理想，无论后期怎样编辑，“想做烂都不容易”。

每天图片编辑都在问摄影记者：你最近在关注什么题材？有的记者的回答实在让图片编辑喜出望外，他们近期所关注的，都有可能纳入到我们的计划当中，于是我们有了意外之喜：吴峻松的《新疆棉农》(后来成了我们的“制造之源”)，方谦华花了近一年时间所关注的珠江新城(后来成了我们的“制造之后”)，这些强势新题材的介入，为《中国制造》的开篇与结篇，打下了坚实的基础。在操作中，记者的空间跨度特别大，从东三省的黑土地到大西北的戈壁滩，从南国到北疆，最后形成规模的有16组报道之多，怎样串起这些报道呢？让它们呈一个并列式的结构，来展现南都的图片部有多强？让这么多风格迥异的图片在版面上打架？不，我们需要一个架构，有机的、自然地串起这些题材！然而我们发现，大家所拍摄的，已远远超过了“制造业”、“工厂”这些概念，它成了中国经济改革进程的一个缩影，但它又不是中国经济改革进程的一个DNA，包含了后者的所有基因——怎么办？这个串起来的关键词到底在哪里？

为了寻找这个架构，部门多次开会争论，报社各个部门的精英甚至报社高层也来给图片部出谋划策，最后形成了

最后的野草地日记

因为，他们自身难保

特B22

特B23

房子·夫妻·床

特B48

2010年，珠江新城……

后记

三种制作方案，各有各的支持者。大家在这三个方案中争论不休，各自论证，甚至翻脸，甚至有人甩出“老子退出不干了”的气话，但最终综合了几种方案的长处，用“中国城市化工业化进程中的种种希望与痛苦”为纲，以“农民——工人——工业——新产业”为线，以递进关系串起了这些图片，中间不得不丢弃几组报道——尽管单独看，它们都很好。

剩下的问题就是：如何才能做得更好？在后期编排上，图片编辑又像一个策展人，合并各个摄影师的同类项，又放大单个摄影师的气质。尽管编辑与摄影师有诸多争吵，但争执的结果往往是朝着理想的方向走去。在整个报道中，都有专业人员出现在相应的环节，保证了报道的质量。

《中国制造》，从文本到图片，都是摄影记者完成，对于采访上的难度，我们做了充分的估计和相当的解决办法，从另一方面说，图片的写实功能大于文字，也使得我们有利于表达一些文字不便表达的东西，最大限度地保证了题材的安全性。在图本和文本的设置上，我们处处留下了对单张图、一组图片、整个报道的解码方法。以这样的解码方式去阅读，不少读者也表示信息量大但阅读起来并不费劲。即使一千个人读出一千个哈姆雷特，但最后也会殊途同归，与作者一起达到共鸣。目前得到的反馈是“意犹未尽”，这正是我们想要的效果。

摄影师与图片编辑在理念上的认同，方法上的认同，行动上的认同，好的图片报道实际是源于此地。

（作者为南方都市报图片部编辑）

踩着新闻的脉搏跳动

——南都周刊“钉子户”深度报道的几点探讨

□王海燕

3 月 23 日，《南都周刊》在第一时间推出的“钉子户在战斗”的故事，以 6 个版的规模对这一事件的来龙去脉进行了详细的披露。

事后不少媒体同行表示，南都周刊的这一报道是截止当时市场出现的关于“最牛钉子户”事件最及时、最深入、最翔实的深度报道。笔者以为，《南都周刊》这次关于最牛钉子户的报道经历了一次无比和谐的合奏：南都周刊的脉搏与新闻的脉搏，这一次分毫不差地在以同一个节拍跳动。

与物权法联系成就敏锐的新闻判断

“最牛钉子户”的新闻最初是在互联网由网民披露的。自从 2 月份重庆一网民在乘坐轻轨时拍到这张题为《史上最牛的钉子户》的照片——一个被

A18

Stories

钉子户
在战斗

“风能进，雨能进，国王不能进”，
18 世纪中叶，
欧洲人捍卫物权的经典比喻，
在 21 世纪的中国找到了最好的注脚。
故事的主角是重庆被拆迁户：
杨武、吴苹夫妇，
他们被称作“史上最牛钉子户”
在四面掏空的“孤岛”上，
他们插上红旗，
正在投入一场战斗。

A19

挖成10米深大坑的楼盘地基正中，一栋二层小楼孤独地立着，宛若海里的一叶孤舟——并将其公布在论坛上，在相当长一段时间，它只是作为网络谈资存在，在不同的互联网论坛之间流传。

约两个星期后，南方都市报的网络版记者饮头啖汤，将其挖掘出“水”，把它搬到了报纸，这一新闻的传播范围得以扩大，在更大程度上引起民众关注。

而在当天的南都周刊报题会上，“最牛钉子户”作为若干个选题中的一个被记者苏岭提了出来。

报题会上，编辑记者们你一言我一语，认为这一选题值得一做：钉子户虽然是城市拆迁运动中的普遍现象，但是如此之“牛”的钉子户的确罕见；“钉子户”反映的是人们的私有财产权诉求，而私有财产保护是正在召开的全国两会的重要议题。众人瞩目的《物权法》草案正在此次人大会议上审议，即将出台。

与物权法即将出台联系起来，重庆最牛钉子户的行为立即被赋予了厚重的内涵。后来事态的发展，包括《物权法》的最终通过，证明这是一个敏锐的预见。

周刊抢到了新闻的第一落点

南都周刊“最牛钉子户”的报道之所以引起关注，我以为，原因之一在于它选择了恰当的报道时机。

在最牛钉子户的选题被提出来之后，事实上，南都周刊并没有立即着手采访。因为下一期的南都周刊的出版日期恰逢“3.15消费者权益日”，记者立即出发去做的是一个题为“3.15告密者”的故事专题。但是，这一“拖延”，却使得南都周刊对钉子户的报道占据了最好的“天时”。

在这“拖延”的一周里，表面上看，关于钉子户的报道在媒体上不温不火。但实际上，各方面的信息都显示，这一新闻正在悄悄地酝酿、发酵，悄悄地沸腾，离爆发的一刻越来越近：

3月16日，南都周刊记者到达重庆，是除当地媒体之外最早到达现场的记者；

3月16日，《物权法》在人大会议上高票获得通过，新华社播发了《物权法》

全文；

3 月 19 日，在各路媒体蜂拥而入重庆之前，南都周刊记者抢先一步，在事件的主角尚未厌烦媒体的“围攻”时完成了对他们的采访；

3 月 20 日，重庆九龙坡法院就“最牛钉子户”举行听证会，并当庭裁决杨武、吴苹夫妇在两天之内限期搬迁，否则将强制拆迁；

3 月 21 日，南方都市报发表评论“最牛钉子户是我们的好榜样”。

3 月 21 日，最高潮的一刻到来，杨武带着生活用品驻扎进“孤岛”，在屋顶插上一面红旗，打出“个人合法的私有财产不受侵犯”的条幅，宣称拒绝拆迁，并与强拆力量斗争到底；

3 月 22 日，南方都市报及时报道杨武进驻孤岛拒绝拆迁，同时发表社论“最牛钉子户能否矫正失衡的法律”；

3 月 22 日，南都周刊截稿；

3 月 23 日，南都周刊出版，“最牛钉子户在战斗”的深度报道第一时间出街。

事件本身的发展节奏，与南都周刊的出版节奏几乎在以同一个节拍跳动；而相对于其他从事深度报道的媒体同行，南都周刊的采访又占据了抢先一步的主动权。

南都周刊作为南方都市报的周末精华版，作为一份周报，由于出版周期的限制，它在新闻的时效性上先天落后于日报。新闻稍纵即逝，往往是等到周报的出版周期终于蹒跚到来的时候，日报已经把这条新闻连皮带肉吃得什么都不剩下了。周报在很大程度上不得不选取新闻的第二落点甚至第三、第四落点，靠角度、创意取胜。而属于周报的料，理论上讲几率是日报的 1/7。“最牛钉子户”事件就是这样的“料”，是难得一遇的 1/7 几率中的一个猛料。所幸的是，南都周刊没有让它溜走，而是抓住这一机会，抓住这一珍贵的第一落点，并且让它发光放大。

佛脚不是临时抱出来的

要做出一篇好的深度报道，无论是编辑还是记者，都要有深厚的积累，才能相对自如地驾驭所从事的新闻题材。在南都周刊“最牛钉子户”的报道中，积累显得尤为重要。

这里所说的积累，一方面是指采编资源和经验的积累，包括线人、关系网、采访技巧、突破能力、分析预见能力等。杨武、吴苹夫妇能成为“史上最牛钉子户”，表明他们在人事历练上绝不弱势，记者们要得到他们的合作不是易事。面对这样的采访对象，没有一定的说服技巧，是很难撬开他们的金口、让他们说真话的，尽管记者的采访介入对他们来说也许是有利的。有多年媒体从业经验的南都周刊记者苏岭做到了。她在从广州出发之前，就通过个人的关系网联系上了吴苹。到达重庆之后，她先后 6 次采访吴苹、杨武夫妇，其中 2 次是单独的采访；要知道，这时来自全国各地想要采访吴苹的记者在排着长队要见她，绝大部分被她直接拒绝见面。

积累另一方面指的是背景知识的积累。与“最牛钉子户”事件相关的背景是拆迁浪潮、私有财产权、物权法。难以想象，如果编辑记者对此一无所知或知之甚少，对最牛钉子户的报道能够做得深刻、透彻。

拆迁一直是中国城市化进程中的突出问题。自 2000 年以来，拆迁的矛盾在各地都在不断引发极端事件。熟悉这一题材的人也许不会忘记，2003 年的南京拆迁户翁彪自焚事件、安徽拆迁户朱正亮天安门自焚事件、上海房产大鳄周正毅案、上海律师郑恩宠因长期代理拆迁户打官司被秘密监禁事件，等等。与此同时，关于城市拆迁的不合理的法律、法规问题，一直是讨论的焦点。当时笔者作为南方都市报的深度报道记者，曾经就城市拆迁过程中的矛盾采写过题为“上海律师志愿团与拆迁中的法律缺位”的调查报道，以上海为解剖对象，广泛接触当地的律师、法学专家、拆迁户、政府部门，深入分析了当时导致拆迁过程矛盾重重的原因——违宪操作、法规缺位，对文明、正义的拆迁进行了积极的鼓与吹。此后，社会上对以保护公民合法私有财产权为基础的《物权法》尽快出台的呼声一浪高过一浪。直到今年 3 月，物权法终于问世，笔者始终保持着密切的关注。

因此，正是由于在这一方面的长期积淀，当“最牛钉子户”的新闻来到面前时，宏观理论与具体个案才能碰撞出火花，编辑才能做到指挥若定、运筹帷幄。

（作者为南都周刊首席编辑）

张德江：经济强省要成为传媒强省

2007年3月15日，中共中央政治局委员、广东省委书记张德江在会见赴京采访报道两会的广东记者时，由衷赞叹："广东的新闻工作者特别能干。"

"这次宣传报道规模是近五年来空前的，成绩非常突出。"张德江为广东媒体两会报道作了精彩点评，概括出了三大特点。

一是重视。张德江说，本次全国两会报道，省委高度重视，广东代表团高度重视，省委宣传部做了精心的协调和安排。省内各新闻媒体的主要负责同志也高度重视，亲自带队、亲自组织，调遣精兵强将，组成强大的宣传报道阵容，突出反映广东坚持科学发展、力促社会和谐。

二是鲜活。张德江高度肯定了各新闻媒体的创新与努力。他说，无论是报纸、电视，还是广播、网络，都调用一切可以调用的新闻手段，开辟专栏专题专版，人物专访、深度报道、现场特写、系列评论等各种新闻体裁和报道手法精彩纷呈，还加强了代表、委员与群众的互动。报道生动活泼，声像并茂，把两会精神传遍南粤大地，传送给9000多万南粤儿女。

三是敬业。张德江风趣地说，新闻工作者不容易，别人坐着你们站着，别人吃着你们看着，别人休息你们忙着干着。摄像记者扛着设备，几十斤重，为了拍一个好镜头不辞辛苦。文字记者为了抓好新闻，绞尽脑汁；编辑为了整合素材，呕心沥血。同志们加班加点连轴转，有的一天才休息三五个小时，建议你们也报道一下你们自己，也让代表、委员和广大人民群众了解你们！"

张德江强调，广东是经济大省也是传媒大省，我们要建设经济强省就必然也要成为传媒强省。这次两会报道充分地展示了广东媒体的实力，展示了广东媒体的号召力、影响力和穿透力。实践证明，广东的新闻战线，广东新闻工作者赢得了胜利，受到了尊重。

（原刊于3月16日南方日报）

张德江书记
对南方日报的四次重要批示

一、2004 年 1 月 3 日，在南方日报报业集团 2003 年工作汇报上批示：

2003 年是极不平凡的一年，在以胡锦涛同志为总书记的党中央的正确领导下，我们坚持高举“三个代表”重要思想伟大旗帜，取得了抗击非典的阶段性重大胜利，经济有了新发展，社会各项事业有了新进步，民主法制建设进一步得到加强，精神文明建设有了新的提高，党的建设也积累了新的经验。南方日报坚持省委机关报的鲜明特色，围绕省委的中心工作，坚持正确的舆论导向，及时、生动地组织宣传报道，可以说是琳琅满目，硕果累累。其中，有许多精彩之笔和闪光之作，不但有阅读价值，还有欣赏价值和收藏价值。在 2003 年全省的工作成绩中，南方日报功不可没，应该记一大功！

在新时期新形势下，如何办好党报，是个大课题。说难也难，说不难也不难。我认为南方日报正在进行积极的探索，并且积累了宝贵的经验。作为党委机关报，要坚持其权威性、严肃性和真实性，但是，这与贴近读者，坚持其生动性、可读性并不矛盾。只有解决好二者的统一，党报才有读者，才有宣传的空间，才有生命力和战斗力。我希望南方日报继续积极探索，争取闯出一条新路。2004 年的形势对广东有利。我们要坚持抓落实，抓发展，实现新的突破。广东是一方神奇的土地，广东是个干事业的地方，广东是个能干成事业的地方。我对广东的发展前景充满信心。希望南方日报再接再厉，在新的一年创造新的业绩！请转达我对报社全体同志的新春问候，祝同志们猴年大吉！

二、2005年1月5日，在《南方日报2004年工作汇报》上批示：

2004年，南方日报为贯彻中央精神和省委的部署，精心谋划，锐意进取，办报方针正确，版面内容生动活泼，可以说是好戏连台，高潮迭起，琳琅满目，美不胜收，既体现了省委机关报的权威性，又具有广泛的群众性和可读性，深受广大干部群众的欢迎和好评，甚至在省外也产生了深刻的影响。我对过去一年里南方日报所取得的辉煌成就表示热烈的祝贺，向报社全体同志表示亲切的慰问！二〇〇五肯定又是一个好年头。希望南方日报总结经验，再接再厉，为全省发挥排头兵作用，作出新的更大的贡献！

三、2006年1月6日，在《南方日报2005年工作汇报》上批示：

2005年，南方日报为宣传科学发展观，为宣传构建社会主义和谐社会，为宣传广东当好排头兵的各项新举措，精心组织、锐意创新，为坚持正确的舆论导向，为动员全省人民建设经济强省、文化大省、法治社会、和谐广东，殚精竭虑，全力以赴，取得了令人瞩目的成绩。省委对南方日报的工作是满意的，全省的各项成就中有南方日报同志们的心血。我代表省委向同志们表示衷心的感谢！请转答我对全体同志新春的祝福！2006年是“十一五”的开局之年，广东还要大踏步地前进！希望同志们再接再厉，继续为广东鼓劲！

四、2006年12月31日，在当天的《南方日报》上批示：

南方日报全体同志：带着沉甸甸的丰收果实，我们即将告别2006年；怀着美好的期望，我们即将迎来2007年。值此辞旧迎新之际，我代表省委向南方日报的同志们表示良好的祝愿并致以崇高的敬意！南方日报是省委机关报，也是省委的旗帜。你们鲜明地宣传马克思主义中国化的最新成果，你们生动地宣传广东人民的伟大实践，你们激情地宣传美好未来，凝聚人心，鼓舞士气，为建设经济强省、文化大省、法治社会、和谐广东，实现全省人民的富裕安康作出了突出贡献。希望你们在新的一年里，再接再厉，创造新的成绩。祝同志们新年好！

NANFANG DAILY
南方日報
高度决定影响力
020-87360888
31

港澳居民明起可在大陆"种地"

中央将再赠港一对大熊猫

离婚案受理费每宗最高300元

我国儿童身高30年间增6厘米

印尼海轮沉没逾500人失踪

2006年全省宣传思想战线硕果累累亮点纷呈

改革创新高奏科学发展主旋律

新闻纵深见09版

萨达姆被绞死

外交部发言人表示

伊拉克事务应由伊拉克人民决定

相关报道见13版

本报记者深入高山雪域探寻许晓珠援藏足迹——

用生命走路

许晓珠：广东省模范共产党员

详见10版

省委省府办公厅联合发出通知要求

做好元旦春节期间有关工作

详见11版

华能海门电厂开工

我省五市固话通话费明日起下调

韶关梅州江门湛江潮州平均降幅达57.7% 每年可减轻用户负担2000多万元

一桥架东西 碧海变通途

缉捕疑凶黄文义

穗地铁总长度全国第二

三四号新线昨开通、形成116公里线网

相关报道见04版

气温回升 元旦不冷

广东十大新闻请您投票决定

本报与南方网联合主办 参与者有机会赢大奖

候选新闻、评选细则见09版

本报独家披露省社科院

广东区域综合竞争力评价与分析报告

沿海各省竞争力粤首占鳌头

报告解读见05—07版

朱小丹：欢迎和支持正确的舆论监督

在2007年2月7日举行的广州地区新闻界联谊座谈会上，广东省委常委、广州市委书记、市人大主任朱小丹的一番表态，引起媒体广泛共鸣。

朱小丹强调，广州市委市政府要把张德江书记所说的“善待媒体、善用媒体”落实到“欢迎、支持和接受舆论监督”中去。

对舆论监督的功能，朱小丹坦率地表达了自己的观点，他说：首先，舆论监督可以更多地让我们听到来自群众的愿望和呼声。对我们来说，能否自觉接受舆论监督是对我们是否相信群众、是否执政为民的直接检验。第二，舆论监督可以帮助我们发现工作中的问题。能否接受舆论监督也是对我们是否出于公心、从善如流的检验。如果出于公心，就不应该遮掩、护短，不应该工作有毛病还捂着别人的嘴巴不让说。第三，好的舆论监督是连带批评和建议一起出来的。对于工作中的问题，老百姓怎么看，媒体出出主意，这对工作本身就是一个推动。一句话，加强舆论监督，可以使我们不至于盲目，不至于懈怠，不至于失职。

朱小丹同时强调，舆论监督必须坚持正确的导向，必须坚持实事求是，必须坚持主观动机和社会效果的高度统一。他说：“讲舆论监督，并不等于开一个大口子，可以任意地负面炒作。舆论监督要坚持有利于大的方针政策的落实，有利于工作的改进，有利于增强群众的信心，有利于社会稳定。”

胡国华：管理媒体不是什么都不让报

在2月6日广东两会的分组讨论会上，省人大代表、省委宣传部副部长胡国华说："我们一方面要求媒体如实报道、不能炒作；另一方面也要求事故发生地的党政部门和媒体主动沟通，为新闻记者采访提供便利，还要健全新闻发布机制，第一时间发布新闻。"

管理媒体不是什么都不让报

胡国华说，广东GDP占全国1/8，经济发展势头很好，是经济发展的黄金时期，也是各种矛盾的凸显时期。现在宣传部新闻处最忙，他们要处理各种媒体报道中出现的问题，因为各种社会矛盾多了，新闻报料增长了很多倍，有些新闻记者没有很好地把握导向，有些内容在没有经过很好核实的情况下报道出来，给社会造成了负面影响。我认为，报道时机的把握、版面的安排、内容的措辞不当会引起很多问题。

他又称，有些人说，案件上升跟记者有关系。他认为，案件上升跟经济社会发展有关系，是社会发展过程中客观存在的问题，跟记者没有关系。德江书记说得好，要善待媒体、善用媒体、善管媒体。管理媒体不是管着它，什么都不让报。

新闻从业人员要提高素质

胡国华提到，如果没有舆论监督，社会的很多问题解决不了。譬如弱势群体，他们没有话语权，必须要靠舆论监督引起社会关注、促成问题的解决。

他又说，人大监督、舆论监督、群众监督、各个机构内部监督都很重要，舆论监督是社会监督中不可或缺的一部分，在监督过程中要提高新闻从业人员的素质，当然各行各业都要提高素质。新闻记者不提高素质，就没有社会责任感、没有使命感，他在写报道的过程中会为了吸引眼球而不负责任，把关人员也要提高素质。

各级行政部门要提高承受能力

胡国华说："现在有部分群众对公检法司部门有一些意见，我认为正常，有时候报纸做一些披露我认为也正常，领导人没必要把每个下属的责任都承担起来，一报道点什么就认为是在抹黑，我们的各级行政部门也要提高承受能力、注意跟媒体沟通，善待善用媒体。对突发事件的报道，我们出了一个《突发性事件应急处理处置办法》，这既是针对媒体的，也是针对党政部门的。我们一方面要求媒体如实报道、不能炒作；另一方面也要求事故发生地的党政部门和媒体主动沟通，为新闻记者采访提供便利，还要健全新闻发布机制，第一时间发布新闻。"

（原刊于2月7日南方日报）

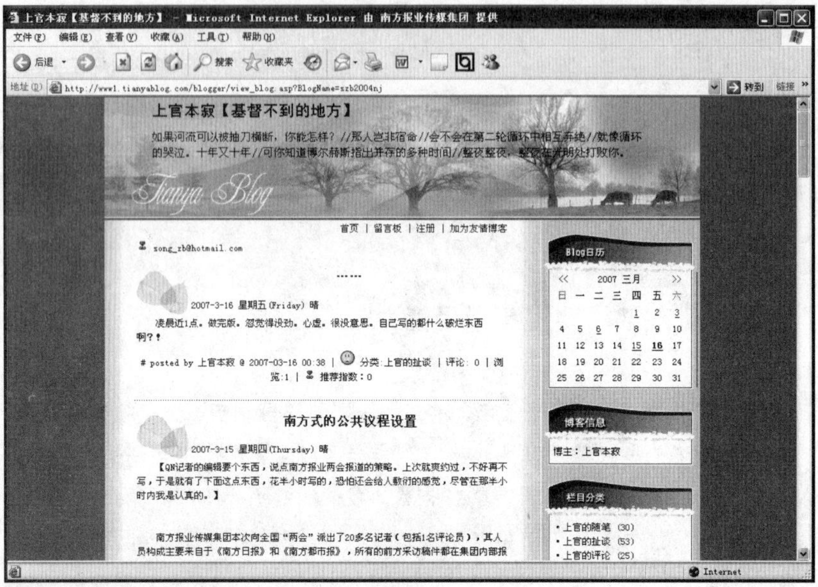

http://szb2004nj.tianyablog.com/

难道不存在完美的时评？

□宋志标

1. 时评是一项被圄于新闻范畴但边界远超出新闻事件的修炼。最重要的无非是立场的修炼，这是一切时评的出发点；没有对应于报社的立场，时评就毫无意义。除此而外，需要修炼的还有时评的文字以及表达方式。到目前为止，不能说有时评的地方就有立场，更多时候，时评的立场不知所谓，也就谈不上什么效用。另外，时评界（如果有的话）依然找不到一篇堪为范文的文本，这是好事也是令人焦虑的事情。

2．紧接着1，时评带给作者的成就感是得不到保障的。虽然这与时评存在的状态毫无关联，但时评文字带给作者本人的体验或许很难让他们满意。这不是托词一般的“没有最好只有更好”。没有就是没有。

3．紧接着2，无疑，时评作为某种理想和原则的化身，依然具有迷人的魅力。但这也是问题，比如时评的文字怎样才是精致？甚至，时评的文字需要精致吗？那种局限在固定篇幅中的道理可以带来什么性质的审美？足球是圆的，一场球需要90分钟，其余的都是道理——这样的说法有道理也没有道理，而这就是时评文字需要面对的自身境遇。并且，在绝大多数时候，时评要说服它自己，让自己相信时评可以切中某些东西，就像西瓜刀击中西瓜那样。

4．从属于时评的焦虑非常折磨人，这种焦虑和其他的文学创作具有截然相反的特征。后者那里，个人的生活体验就是一切，枝蔓丛生会被作为一种气质加以赞美；然而在前者那里，关于政治的精细的、恰当的论点的选择胜过一切。不过，问题接踵而至，就是什么是特定报章选择的政治态度？它允许不同政治观点的交错吗？比如，当我们把绝对化的权利当作时评原则的时候，可以在时评版加入与之相反（起码是相辅相成）的情绪吗，譬如绝对权利说的局限？

5．紧接着4，时评应该以怎样的姿态与新闻事件和谐相处？时评讲的如果是各种道理，那么它很有可能超越新闻事件。这时候就产生了传统的看法，那就是“主题说”，也就是在新闻事件中提炼出一般性的意义，当然这不能约等于从小蜜蜂或白杨树上泛滥成对劳动人民的讴歌。究竟什么样的姿态才是恰当的呢？我觉得要考虑三个要素，即问题系统、政治系统与政策系统。

6．紧接着5，时评终归是要以报社自以为必须的政治观去说服读者。但需要注意的是，这种政治观并非约等于零星的价值观——即便在所有的时评中都隐藏权利、正义等政治词汇，但从整体上看，这样的时评仍然不能说是提供了完整的政治思想。因为政治的运行实践必须受到时评的尊重，如果无视于政治在政策流转系统中的现实状态，那么时评很有可能超越新闻事件，而这样的超越很可能是无法被谅解的。

7．紧接着6，这会暴露出一个时评写作的弱点，那就是评论员以什么方式了解新闻事件。很羡慕上世纪二三十年代的某些报人，他们发表议论是建立在对新闻的采访基础上，评论和新闻——实际上是政治运作——没有太多的距离，这样写出的评论有效、有味也有趣。能让评论员去从事采访吗？而不是间接地凭着个人的经验或者对记者的打探接近新闻？

8．什么才是最好的时评写作状态？或许那也是一种由不自由的写作方向与自由的文字操控感相结合的境地吧。评由景而生、评由境而曲折婉转，或许可以作为写作的某种乌托邦加以历练；显然，这种文字的乌托邦离那种作为原则与理想的乌有之乡并不遥远，两者的关系可能是比邻而居，也可能是登堂才能入室。

（作者为南方日报编辑）

http://www.blogcn.com/user48/wanhualou666/index.html

检讨

□贾云勇

深度组的周会往往开成表扬+批斗会。昨天的周会，在对同事们的稿子表扬之后，开始批判我的稿子《一会儿免刑罚，一会儿判十年》（2007年1月20日发表于南方都市报）。陆统指出，此稿子的倾向值得警惕，由于过分玩味叙事技巧，反而将主旨冲淡了。

这就是说，花了太多的精力在王刚绑架前后的描述上，反而将审判过程中的司法不公搁得轻了。陆统说，老贾你还是应该从审

深度 A15

一会儿免刑罚 一会儿判10年

绑架案一审与再审量刑落差巨大，法院被指断案荒唐程序违法

A16 深度

判入手，先把不公的质疑抛出来。显然，我想说的是司法黑幕，想说一个小人物的官司里当权者是如何对法律上下其手的。然而，却陷入了滥情。按小兵哥的话说，看网上的标题我还以为那是哪个三流小报的稿子，压根就没有点它。

这应该就是隐藏在内心深处的煽情欲望在愚蠢而执著地燃烧。虽然我在口头上已经对煽情深为不齿。但我还是在王刚李晓芸夫妇的苦痛故事里津津乐道。在五年到七年之前，我的前同事大刚就敏锐地指出过，老贾，你总是想煽情，这样并不好。大刚同学一直是南方周末的经典读者。

南方周末据说是“对警察天然地仇恨，对农民天然地亲近”。现在，它也转了型。在我的内心，对于小人物苦难的同情，一直被自己认为是美德，现在看来也需要冷静和克制，任其蔓延的结果就是《一会儿是刑罚，一会儿判十年》所呈现的状态。你最想表达的反而被细枝末节冲淡了。

卢员外（卢斌，我们的编辑）的标题体现了这个事情的核心所在，这即是说他没有受到文本的影响，知道我实际想说什么。但是在网络上就出现了小兵哥三流小报的误解（以后你看到兵哥关于摩托仔与女护士的文本，就知道什么是写作高手了，怪不得陆统评价他是中国最接近西方特稿气质的记者哩）。网易和新浪的编辑都建立在绑架案这一旧闻上做了《妻子三次怀孕失败，丈夫刀逼妻子领导换工作》的标题，这固然与其吸引眼球的欲望相匹配，但也说明我的稿子的确出现了表述上的倾斜。当然，网易深度冲击波栏目延用了卢员外的标题。看来，媒体行里的深度共同体也在悄然形成。

另外在写作中，我一直觉得法理部分太过枯燥繁琐，怕读者看起来叫苦，所以一直想用什么来抓住读者，这个可能也导致了个人故事叙述上的偏重。

这一次的另外一个尝试是，此前刚好听了王克勤老师关于调查新闻的采访与写作。他的一句话打动了我：一个调查，你光是呈现出各方的说法却不给读者一个明确的答案不行，你要有证据跟读者说：事实就是这样的，他在撒谎。这一次试着往这个方面做。但看来效果并不明显。

（作者为南方都市报深度记者）

http://blog.sina.com.cn/lihaipeng

技术

□李海鹏

2002年我在瞿优远老板手下干过一段儿时间，惟一的收获是听他说了这么一句话："人一旦到了年纪，就不喜欢足球了。"这句话让我深有同感，因为干那份工作的时候，我已经开始讨厌足球了。其实我挺喜欢看《体坛周报》的，作为一份消闲报纸，信息也有，口水话也有，看着不累，现在偶尔也买一份在地铁里看。

我喜欢GOOGLE的企业文化，人们能

在其中找到舒适和平等，创造力比执行力更受推崇，我比较庆幸的是，南方周末几经修理，企业文化仍然与之接近。我也很尊重南方都市报和新京报的企业文化，但是估计自己接受不了。我不适合激情，更适合自由。

说远了，说回足球。前几天看了《FOURFOURTWO》的一篇报道，写温格的，略有感触。温格是个奇迹般的人物，奇迹的表现之一就是，能在上万公里之外，把我这个铁杆的曼联球迷逐渐转变为其死敌阿森纳的球迷。丫是怎么做到的呢？是用魅力做到的。阿森纳的足球不仅强大，不仅饱含技术成分，而且有一种非凡的柔媚，这种不可能的组合跟《香水》和《心是一个孤独的猎手》有一拼，让人觉得远，又觉得美。

这篇报道也写得很好，比中国体育纸媒好得多了。关军送过我几本中国版的《体育画报》，我觉得里面有两种截然不同的报道，对比之鲜明如正午与暗夜，一种好看，一种不好看，好看的都是从美国版上翻译过来的，不好看的都是原创的。关军的作品在原创报道中鹤立鸡群，可是说实话，跟外国作者比还是差一点点（用手指比划出一个极其微小的尺寸）。

这根本就不是文笔的区别，尽管无数人总是以或重视或轻慢的各种心态提起文笔这东西如何如何。中国的好新闻与西方的好新闻的区别，我觉得就在于理解事实的逻辑不一样，相比之下，中国记者的逻辑往往不能贴合事实。这跟谢晖说德国足球与中国足球的区别有点儿类似，他说：“中国足球，没必要说哪儿差，它就是不对。”“对”与“不对”是基础，我觉得，然后才有“好”与“不好”，要不海明威为什么总强调“正确”这个词儿呢？

我觉得逻辑既是智商，也是一种文化能力，接受哪种文化，就有哪种逻辑，没文化就没逻辑。你看《天问诗歌公约》，那叫一个没逻辑吧？为什么？因为他们没文化。我估计这帮诗人有十年没看过书了。如果你说对事实的分析没有惟一正确的答案，一切逻辑方法都只是方法，而一切“观念”都只是“意见”，我也同意，不过我还是要说，别的领域不论，单说传媒业，西方的逻辑方法是我见过的惟一的令人信服的“意见”。至于这种逻辑方法是什么我就没法说了，专业的传媒著作里不教这个，倒是散见在无数的外国书里。

温格为什么能改变英超？阿森纳球员为什么有出色的控球能力？他喜欢的球员为什么都是细高挑儿？他真有识别青年球员潜力的超级慧眼吗？他买

来的廉价球员为什么会成为巨星？类似的问题是，法拉奇为什么是法拉奇？最轻易被提出答案可能是，温格是天才，法拉奇也是天才。但是事实证明，神话没那么多，莫扎特不是每年都有。法拉奇就不必说了，温格也并非天赋异禀，他只是勤奋工作并掌握了出众的教练技能。

温格的成功与写他的这篇报道的好看，都证明了最简单的常识：技术是多么重要。它不是惟一重要的东西，但是比一般人认为的重要多了，以致当黄仁宇用“数目字”解释中国、亨廷顿用“文明”解释历史、老子用“有无”解释宇宙等等之时，你也可以完全罔顾逻辑链上的别的一切而用“技术”去解释人类生活，要是你写得好看，还肯定有人信你。SO，BTW，人类的能力有限，题材太大的书庶几等于胡扯。

（作者为南方周末记者）

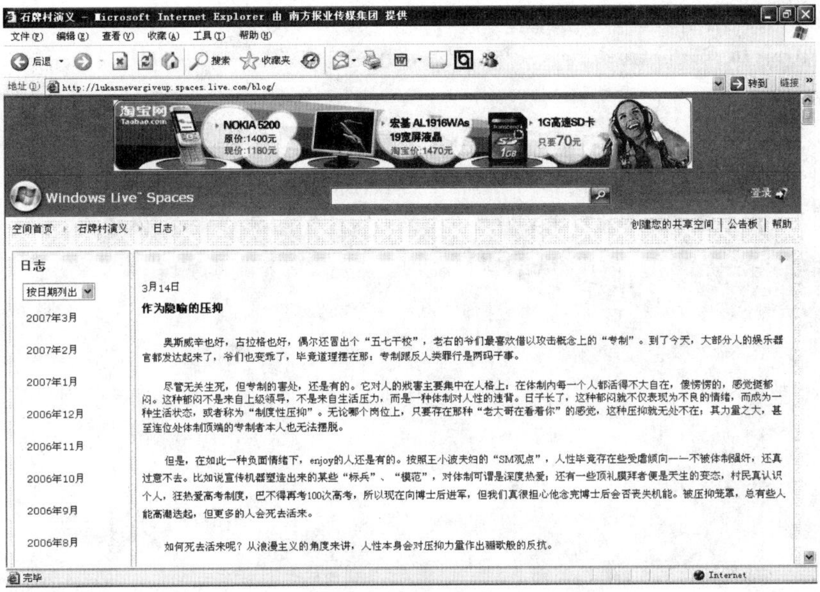

3月14日

作为隐喻的压抑

奥斯威辛也好，古拉格也好，偶尔还冒出个“五七干校”，老右的爷们最喜欢借以攻击概念上的“专制”。到了今天，大部分人的娱乐器官都发达起来了，爷们也变乖了，毕竟道理摆在那：专制跟反人类罪行是两码子事。

尽管无关生死，但专制的害处，还是有的。它对人的戕害主要集中在人格上：在体制内每一个人都活得不大自在，傻愣愣的，感觉挺郁闷。这种郁闷不是来自上级领导，不是来自生活压力，而是一种体制对人性的违背。日子长了，这种郁闷就不仅表现为不良的情绪，而成为一种生活状态，或者称为“制度性压抑”。无论哪个岗位上，只要存在那种“老大哥在看着你”的感觉，这种压抑就无处不在；其力量之大，甚至连位处体制顶端的专制者本人也无法摆脱。

但是，在如此一种负面情绪下，enjoy的人还是有的。按照王小波夫妇的“SM观点”，人性毕竟存在些受虐倾向——不被体制强奸，还真过意不去。比如说宣传机器塑造出来的某些“标兵”、“模范”，对体制可谓是深度热爱；还有一些顶礼膜拜者便是天生的变态，村民真认识个人，狂热爱高考制度，巴不得再考100次高考，所以现在向博士后进军，但我们真很担心他念完博士后会否丧失机能。被压抑笼罩，总有些人能高潮迭起，但更多的人会死去活来。

如何死去活来呢？从浪漫主义的角度来讲，人性本身会对压抑力量作出骊歌般的反抗。

http://lukasnevergiveup.spaces.live.com/

演绎到极致的暴力美学

□马立明

大伙都做对了，就是我摸不着调子……

——柯林斯

一

中国国奥队那次英伦“癫疯之战”，就观赏性、娱乐性和动作难度方面，都是绝佳的审丑素材。根据现场的照片显示，那就是一幅现场感极强的“格尔尼卡”，已经带有天然的毕加索色彩，甚至可以说，正宗极品。

有人讲过，演绎到了极致的丑闻，经过媒体的精心包装，便进入了美学范畴，管它是天灾人祸。

一般而言，把丑闻演绎成美学应该是媒体的拿手好戏，但对于惹火国奥的性感决斗，笔者由于充血过度，硬是把好菜烧糊了。

媒体手淫中国足球由来已久，笔者也是。尤其是这支赴欧洲拉练的国奥队，在一路的教学赛中“能征善战”，自然是成为了新闻富矿。

应该说，我们被思维惯性打败了——至少笔者如此。笔者在先验论面前很不自信地攀上了裁判席并发言：国奥小儿乃“竖子不可教”，这次斗殴着实丢了中国人的脸。在我们的口诛笔伐下，慌慌张张的中国足协不分青红皂白就把郜林等几个害群之马给开了。他们回国后的日子也不好过，搞不好这几个准球星就要开始仇恨社会了。

错误的根源在哪里呢？是因为在缺乏真相阶段下的过度阐释，甚至让我想起了某些国内媒体在“富士康”事件中的自作多情。

打笔者嘴巴的是英国媒体。根据英国有关方面报告，那次打架错误一方并不是国奥队员，后者只是在忍无可忍的情况下反击。从录像中也可以看出，郜林与对方球员扭打时，另一个球员悍然脱下了他的裤子。这可以理解为一种侮辱了，并不是每个中国人都能咽得下这口气的。若果这帮孩子束手待擒，也会有人跳出来，指责队员有辱我泱泱体育大国的声威。

还有一个细节或许更应值得注意。据说一直被中国足协包着的国奥小青年们生活得很压抑，因为足协颁布了一个“108条行为守则”，充斥着比重点高中毕业班还严的规定，比如不许上网，不许打游戏，不许喝可乐，不许吃零食等。长期被管得这么严，难怪小孩子们内分泌失调。如笔者之流不去怪足协，而是一开始就欺负这些小孩，则是不厚道矣。

补充一下，事后一“敌报”编辑跟笔者说，自己“被技术打败”，原因是过分的网络资源让自己头脑发木，懒于思考。笔者反省，自己也懒得很哪。

二

笔者想到另外一件事，关于一个警察的死。

假如他死在伊拉克，死在民主刚果，甚至死在粤鹰行动中，也没多少人对他的故事感兴趣。但是，他死在意甲球场延伸的一次骚乱中——这个伴随着世界数亿人成长的足球联赛，赋予了他的死不凡的意义。

这位警察名叫拉奇蒂，一个意大利中年男子，在意甲西西里德比战卡塔尼亚对巴勒莫的比赛后遭到极端球迷袭击不幸身亡。24小时内，他的死讯通过互联网传遍全世界。

尽管我们对生命敬畏，但还是要指出，他的死带有符号色彩；如果脱离宣传机器的运作，可千万别相信一个普通人的死，能重于泰山。

意大利足球甲级联赛从上世纪90年代进入兴盛期来，那红色的旗和烟迷倒了数千万球迷。当时的意甲被称为“小世界杯”，是足球的圣地。然而，巨大的市场涵盖着巨大的利润，很多人怀着各种心态进入足球产业。意甲已不仅仅是足球了，而成了利益集团角力的角斗场。

这显然也是一个极需为大众阐释的命题。之所以成为大新闻，是因为鲜血滴在一个之前被神化的东西上，此外是幕后还有太多罪恶的黑手，可见大有东西可挖。遗憾的是，笔者和不少同行都傻乎乎随了大流，只关注How，不去关注Why，题没有深挖，就像咖啡只喝一口却没喝到底，可惜了。

相对而言，有的媒体则阐述得很好。南都将其与厚重的国际新闻很好地结合在一起。先是阐述球迷骚乱背后存在着极其深厚的社会图景，再到近年来极右思潮的泛滥，新纳粹主义、新法西斯主义、种族主义等势力悄然抬头，分析得很有层次感。

而体坛周报则分析了政治深刻地影响了足球，尤其在意大利。很多意甲球队都有政治背景，比如利沃诺就是拥戴共产主义思潮的球队，而拉齐奥则属于极右阵营，AC米兰则是政府“御林军”，尤文图斯则是国内航母级企业的球队。球迷也跟随着自己的球队，立场泾渭分明，让读者大开眼界。

体育界是个充斥着各种荣誉和丑闻的圈子。夺金的辉煌不用说，但各种丑闻也带有强大的冲击力。对丑闻的操作，并非展现它的丑，而是把它做美，做厚，做实。还记得敬爱的w老师跟笔者说过，俗一点不要紧，要大俗。

（作者为南方日报编辑）

http://blog.sina.com.cn/m/yangxuetao

当媒体变成苍蝇　当苍蝇变成蚊子

□杨学涛

世人怕苍蝇，因为苍蝇无处不在，既上得厅堂，又下得厨房，还去得茅房。

世人怕蚊子，因为蚊子堪比唐三藏，只需一只出场，便足以毁掉你的一夜。

但是，相比现今层出不迭的媒体形式，苍蝇和蚊子都算是“良民”了。这些新媒体及其渠道，集苍蝇和蚊子二者“精华”于一身，不仅苍蝇般无处不在，而且蚊子般整日嘤嘤嗡嗡，引无数英雄尽发飙。

不信的话，请看看广州某公司经理张三疯某一天的遭遇：

7：00起床，打开门口的报箱，《南方都市报》已安然躺在其中。张三疯一边吃早点一边看报，当天重要信息基本都看饱。

8：00出门，坐电梯。电梯门口是分众传媒的电视屏，正在播放昨天和今天的新闻，当然还有大量的广告。这些新闻基本都已经看过，不过播音员姐姐长相不错，还一直盯着张三疯看，让张三疯非常满意。

进了电梯，看到电梯前面、左面、右面三面墙都贴满了广告，要么是最新下线的、能体现张三疯王者风范的新车（张三疯从来不觉得身边的人有王者风范，但广告又说这个车卖得不错，都卖给谁了呢），要么是可以25小时保护女士的卫生巾。不过张三疯可不会随便就中了广告的招，在这个年代，像张三疯这么有原则、顶得住的人已经不多了。

8：20走到路上，招手打车。发现后排座位前面的铁栏杆上，不知何时又多了一个珠江移动频道，让司机把声音调小些，司机却回答说没办法。“丢！”张三疯一边骂，一边让司机靠边停车，换到了前排座位。眼不见，心不烦，但耳根却还是不得清静。司机在一旁安慰，说了些“我们也很烦”的违心话——谁都知道，往上面挂电视屏，司机可是收了钱的，多挂两部他更开心。

9：00到了办公室，电梯门口又是分众传媒的电视屏，又是那几条都能背诵的新闻，恨得张三疯直咬牙：“妈的，总有一天，老子要以祸国殃民罪把江南春告上法庭。”还好，马上开个会就可以离开广州到北京去了，再不用受这个鸟气。

10：00开完会，公司门口就有机场大巴，张三疯带着简单的行李就上了车。上车坐定后，看到前排座位的背部网兜里，放着一本《生活速递》，内容粗糙，版式难看，唯一值得表扬的，就是字迹还算工整（废话，印刷体当然都是工整的）。这还不算，头顶上还有一个SMG提供的电视屏，播放着娱乐八卦，不断地播，重复地放，就几条无聊新闻，愣是循环着搞了N多遍。

11：00到白云机场，过了安检后，本想掏出最近火得狠的《于丹<论语>心得》来看一看，无奈旁边有个书店，一个叫李践的人在电视屏幕里手舞足蹈地讲公司该如何砍成本，声音之大，动作之夸张，到了令人发指的地步。

书店对面的另一个书店，是另一个叫余世维的，以同样的肢体语言，同样的万事了然于心的姿态，在告诉来来往往的“飞人”们如何修身、齐家、治国、平天下。电视机前站着很多人，像是民工们在排队看小燕子演的《环猪哥哥》。书店的另一侧，是“一分钟学会打字”的电脑屏幕，屏幕的上面，是另一块电视屏，“你可以等时间，但机会不等你”，多有哲理的话，无非是想告诉你，这块小小的电视屏对于你的人生是何等的重要，你必须盯着它看，像爱护自己的眼睛一样爱护这些转瞬即逝的新闻、广告资讯（哪个神经病每天需要这么多资讯）。

张三疯索性闭目养神，试图营造一种“人多时候最寂寞”的“大隐隐于市”的境界。

11：45，张三疯被骚动的人群吵醒。开始登机了，张三疯揉揉眼睛站了起来，随着人流往前走，当把登机牌给到小姐验票的时候，张三疯才发现登机牌上居然印了红塔集团的广告，“靠，这也能做广告”。进了机舱后，张三疯发现座位上端多了一块雪白的广告布，“ITAT，×××××”的广告赫然其上。

更让张三疯惊讶的发现是在飞机起飞之后，一块块电视屏像变形金刚一般从天而降，美仑美奂、千篇一律的汽车广告、化妆品广告扑面而来，“笑笑小电影”结束之后，字母打出来的是“航美传媒 AirMedia”。“在航美传媒的宣传册里，一定把‘最优质受众群’拿来说给广告商听了”，张三疯想：“广告商难道不知道有一半的人一上飞机就开始睡大觉？”

座位面前有N多本机舱杂志，一半以上的页码都是广告，据说单本每年的广告额都在8000万以上。张三疯在想，这样的杂志，即便内容部分为空白，一样会有如此数额的广告额产生。“都是泥做的，放在床底是尿壶，放在桌上就成了香炉，真是可怜了那些没钱做渠道的好杂志。”

14：45，飞机终于降落在北京。路过行李传送带时，发现传送带上也有了广告，是马来西亚的国家形象广告。“坐飞机的人是旅行者，既然是旅行，就可能去马来西亚旅行，投放广告的逻辑，难道就这些简单吗？”目睹这一场景，张三疯开始怀疑广告投放者们的智商了，在张三疯看来，一个国家的旅游形象广告不能出现在传送带上，被扭曲，被拉伸，又被扭曲，又被拉伸，子子孙孙无穷匮也。

15：00出了机场，打了一个车前往长城饭店，让张三疯感到幸运的是，北京的出租车上还没有装上移动电视（不过，为了迎接2008年，这种可怕的思路还是可能产生的），让张三疯享受到了片刻的宁静。没想到司机主动搭讪，把正在北京召开的全国两会详细点评了一遍，详略得当，逻辑清晰，有理有据，情感与理智兼备，英雄与侠义的化身——北京的司机怎么比移动电视还要吵啊！张三疯算是没辙了，决定洗耳恭听，偶尔发问。

16：00北京的交通真是可怕，足足花了一个小时，走走停停才到了长城饭店。进到房间后，张三疯发现房间里也摆放了一个杂志架，《财经》、《紫荆》、《时尚旅游》等杂志赫然在上，仔细一看架子，是“百泰传媒”所作，马上打开电脑搜索了一下，发现全国已有2万家酒店客房有了杂志架。“中国人办事真是神速，不过两年时间，这个渠道已是雨后春笋，我们中国的发展真是叫都叫不停！”想到这里，张三疯心中的民族自豪感“腾”地一下就升了起来，决定回家后让老母亲在自己的背上刺上“精忠报国”几个大字。

17：00在楼下咖啡厅约了个人，到了咖啡厅坐定，看到桌上有一个小盒子，里面有一支笔和一些卡片，应该是为客人做记录准备的。但发现卡片的背面也是广告，是一家叫“尺寸传媒”的公司开发的渠道，“如此之小的广告位，当然只能叫尺寸传媒！”

中途去上了个厕所，更是让张三疯目瞪口呆了一番：一家叫做“亮角落传媒”的公司，居然在厕所里拓了个荒，做起了厕所的平面广告。晕死了，晕死了，张三疯这次真的是晕死了。如果真如冯小刚的《大腕》里说的那样，在死人的身上也放个电视、搞点广告什么的，一定会发财。“你想，多少人朝着死人的脸上看啊，这个广告位绝对赚钱！”

张三疯彻底疯了。

……

正如你所能预料的，高尔夫球场、餐厅、健身房、药店、医院，等，所有你能想像到的空间，如今都已被相关媒体和渠道攻城略地，无一幸免。他们都说是为了让你与资讯保持同步，说是为了你好，但实际的情况你都知道，他们不过是引你上钩，然后再把你卖给广告主。

这个逻辑链条再简单不过，问题是，当渠道所提供的内容和服务并不能吸引人的时候，这个渠道所宣称的吸引相应人群的效果就会失效，所谓的“影响有影响力的人群”就是一句空话。如果内容和服务堪称恶劣，那无处不在的苍蝇真就变成蚊子去了。

“酒香还怕巷子深”，单靠做内容来吸引广告的观念显然已经落伍；但是矫枉过正亦是不妥，试想，如果是一坛毒酒，却“全国各大商店有售”，岂不是贻害四方？

好酒，当然选茅台；作秀，当然选脑白金。用卖脑白金的方式来卖茅台，当然不当，所以，有些渠道，不做也罢，有些蚊子，一定要拍死。

这时，一个声音高叫着：现在才2.5G，3G时代来了怎么办？当手机也被当成渠道，你还往哪里跑？

整个世界沉默了。

（作者为《mangazine·名牌》副主编）

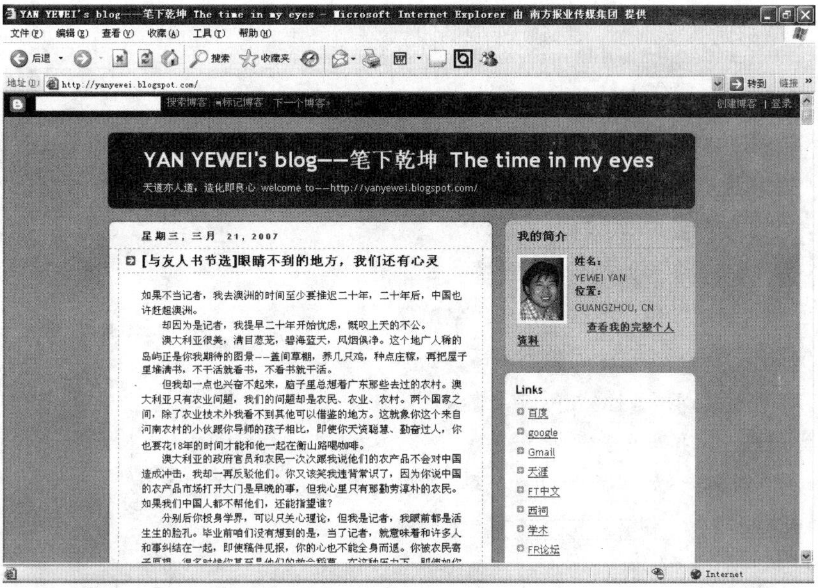

http://yanyewei.blogspot.com

农村报的十字街头

□闫业伟

有些问题，迟早都要去想。在受到外界刺激后，思考的欲望会更强烈。

2月底，我在澳大利亚新南威尔士州见到一份名为《今日农业》的报纸。它是一份四开32版的小报，每月一期，内容全是农业技术，由州基础产业部（一个主管农林牧水矿的部门）主办，委托《国土报》（私人报团）印刷，然后免费派送到全州农民手中。

《今日农业》有5万多名读者，发行基

本上涵盖了新南威尔士州所有农场。也许出自为读者服务的考虑，报纸文章全是短篇，每篇末尾都附上了专家姓名和联系电话。有趣的是，虽然它的内容均是政府官员操刀，印刷成本也由州政府支付，但广告收入全归帮忙印刷、发行的《国土报》。

新南威尔士州的农业相当发达，部分农民具有博士学位，我在采访中见到的农民家中都有电脑，他们平时从互联网上获取经验技术和市场信息，但《今日农业》还是执拗地存在着，并有一大批拥趸。

双方机遇？我方危机？

澳洲农业研究：起步早 投入大

尽管中澳两国国情不同，《今日农业》也只是一份农业报，而非“农民报”或“农村报”，但它还是刺激我去思考我们的《南方农村报》路在何方，《今日农业》是否昭示了《南方农村报》的明天。

农村报前路多艰，建设社会主义新农村带给报纸的只是机遇，并非馅饼。向左走？向右走？农村报还有很多问题需要考虑：

一、政策扶持：要还是不要

托尼夫妇掌管25000亩农场

澳洲农民协会 独揽农业经营

即使在广东，还有很多地方的农民订不起报，城乡信息差距也越拉越大。为此，政府能不能在农民读报、买书等方面给予其适当补贴？或者鉴于农村报的赢利困难的现状给予一定的扶持？我国早些时候启动了专门针对农民的合作医疗补贴、农机补贴、种粮补贴等等，看到先例，很多涉农媒体都在期待扶持的甘霖。

但是，特殊政策的扶持势必破坏报纸长期市场化运作的规则，甚至影响到报纸的编辑方针。按照河南、甘肃两地实践的经验来看，那两张得到特别保护的报纸上，已看不到多少农民的声音。

如果照搬澳大利亚《今日农业》的经验，特殊扶持对我们来说多多益善。但是，澳大利亚只有农业问题，农民的声音也有网络、主流媒体等多个宣泄渠道。在城市媒体没有为农民留下足够发言空间的时候，面对农业、农民、农村三个关注对象，农村报如何取舍？

二、读者：固守与开拓

片面强调固守现有读者群肯定不是明智的选择。随着原读者群信息需求多元和年龄老化，农村报必须从现在起把农民工作为争取对象。

开拓远比固守要难，因为两代人或三代人之间，心理鸿沟早已不可逾越。那么，我们该如何在固守中开拓？我们该如何在开拓中固守？

澳大利亚《今日农业》免费派给所有农民读者，它没问题，因为它登载的是农业技术，无论青年农民还是老年农民都需要了解。我们却不行，在我们“农村报”的名头没有改为“农业报”之前，我们必须去认真研究如何改进报纸内容。

三、报纸内容：新闻还是技术

很多涉农报纸的内容都是新闻和农业技术“两条腿走路”，事实证明，这样的编排能赢得最大范围的读者需求。

但是，我们马上要面临内容的取舍。随着少壮派农民的崛起，曾在城市霓虹下工作过的人们返乡，一份维持现状的农村报怎能在明天取胜？

那么，我们是主攻新闻还是技术？主要刊载技术的报纸显然不负责任，毕竟农民中的种养大户只是少数，但是，主攻新闻又可能带来一大批种养大户读者的流失。况且，普通农民只是我们的服务对象，后者却是我们的生存依靠。

这一点上，我们不能学习澳大利亚《今日农业》的经验，农村报将来如何兼顾社会和经济效益，内容的安排还要摸着石头过河。

四、新闻取向：监督还是民生

舆论监督是国内涉农媒体的利器。可如今农村的问题随着基层民主深化越来越少，现在农村报别说捞条孙志刚这样的大鱼，连“石坝干部吃垮一家饭店”之类的虾米也难得一见。

所幸有农村民生新闻这个空缺摆在那里，等着我们长袖善舞。可这个空缺存在着农村新闻资源“短板”的天然缺陷，要挖出“公鸡下蛋”的新闻，用钱买也难。

我在澳大利亚的几天里认真琢磨过几份报纸，他们的新闻取向跟都市报大致相似。参照他们的经验，也许农村报除了拓宽服务民生的梯次外，别无他法。但农村报还要坚守“破袭战”，毕竟农民在很多时候有话要说，有冤要诉。

关于民生，澳大利亚报纸上很多稿件并非记者原创，转载这个方法对农村报是否适合？看似成本低廉，值得一试，我却觉得慎重为妙。因为我们农民读者的文化生活习惯与洋人不同，与城里人更不同，一张新闻接近性不突出的文摘报对他们的吸引力远不如《今古传奇》、《故事会》和电视连续剧。

五、广告：增量还是优化

澳大利亚的《今日农业》是享受着特殊待遇的涉农媒体，所以它可以不在乎广告，甚至把广告费拱手相送。我们的农村报却不然，没有广告就难以为继。

那么，在广告方面，我们是着眼增量还是优化？姑且不论“把所有鸡蛋放进一个篮子”的风险，单从农民需要消费工业品的事实来看，我们也迫切需要工商广告。很遗憾，农民的集体失语不仅仅体现在说话，也体现他们在工业品消费市场的沉默。

电视、广播、地市媒体，甚至网络都在抢占我们的读者眼球，我们又该何为？农村报的广告主要是农资固然是普遍真理，农民有多样化的消费同样颠扑不破。现在的问题是，我们在广告上该如何取舍？是增量？是优化？

一个广告客户科学的格局是我们的追求目标，至少到那一天农资企业不再成为我们的掣肘。但是，那一天在哪里？是所有企业主都觊觎农村的时候？是媒体不再凭实力弱肉强食的时候？还是农民的消费水平提高到城里人难以企及的时候？

(作者为南方农村报新闻部副主任)

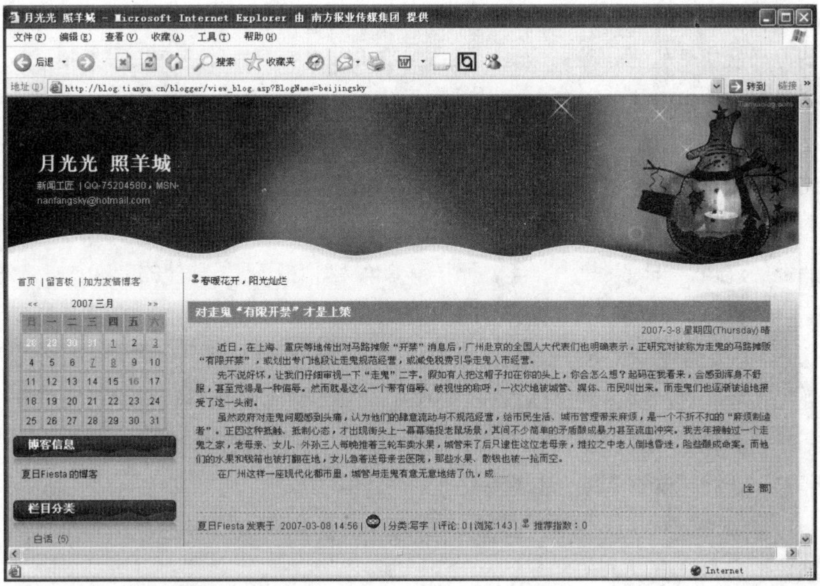

http://beijingsky.tianyablog.com

大年初一去“探监”

□单小亮

不知道“探监”一词用得是否准确，生怕带有贬义而我自己没意识到。大年初一去了趟监狱，过程不算稀奇，但只是为里边的某些场景所触动。或者说，自己没见过太多世面，对高墙内的事情了解不深，对那些异常于墙外世界的事感到好奇。

先说说记者接触到的人，数量很多，“精品”很少，高低不等，德性不一。高官嘛，往往这样一副“德性”：不屑跟小记者聊天，就连话都不愿多说几句；而底层百姓呢，除非他受过媒体的伤害，或者对媒体彻底失去希望了，要不多视来自媒体的记者为青天。

来广州快两年，一直没回过老家，说起这事，甚感对家人的愧疚。本来可以休个年假回去的，但一直拖来拖去，怕工作受影响，怕休完假后当月稿费上不来……该享有的休假权都没有好好珍惜，把自己一个孤家寡人晾在这遥远的广州，一晾就是两三年，而把双亲大人晾在了千里之外的老家。

想起去年春节时，由于刚来工作不久，值班自然会积极些。年三十当天值班，临近中午时接到一单突发报料，某条路上发生车祸，但等到现场时已处理干净。当时去的路上偶尔闪过一镜头：此时正是老家吃团年饭（地方习俗吧，我们那地儿中午那顿最重要）的时候，早已戒酒的父亲或许会买瓶红酒回来，让忙碌一年的全家解解乏。

我心里嘀咕着，最好是空料。因为那时实在有点不想跑，尤其是负面的，毕竟是团圆、喜庆的日子，而自己却在摩的背上兜来兜去，到处问别人跳楼、撞车的事。天算加人算，当天总算熬过去了。事情虽小，但记忆却很深刻。

今年过年前，本已打算买票回家，结果阴差阳错地搞错了票，去“徐州”的票却被取票的朋友搞成了“衢州”，结果只能退票。唉，又一起国语忒差惹下的祸，只能继续待在广州过年！忙完两三天花市后，本想趁年初一好好歇一歇，不料却被一单棘手的活盯上：年初一清早去佛山监狱“探监”，采访一群志愿者高墙内送温暖的事，去还是不去？

听本地朋友说，年初一早上起来要迎财神，这是件比较重要、需要虔诚以对的仪式。我赶紧跟带队者说，能不能改到下午。对方跟领导请示后，先是同意让我第二批走，后来又因监狱方面“不方便”而只能早上去。

毕竟是年初一啊，路上人少得可怜，就连公交车也懒得开了，等了大半小时才等到首班车。虽大部队去佛山监狱，才发现这地方真够偏僻，据说现在已好了很多，以前周围几十里范围内不见人烟，而且背山望水，想逃都逃不出去，这里犯人的工作已从重工业（挖矿）转向轻工业（纺织）。一下车，监狱门口便放起一串老长的鞭炮，一二十分钟没停下来。在这到处禁炮的城市，我反而在这个特殊的地方找到了一点儿“年味”，还挺让人怀旧。

三重门，难道是这么回事？佛山监狱关的是轻刑犯，15年以下的，旁边不远处另一监狱关的都是死刑无期的。进监狱要过三道门，道道设坎，就连领导来了也要打卡或登记，不过对我们记者，监狱方面倒有些放松，不过特别提醒我们说：进去后，千万不要单独行动，一定要有警察跟着。狱警还提醒那些义工小女生们，不能好奇地嘻嘻哈哈，更不能好心送未经检查的信件给犯人。

狱警解释说，里边的人是“敌人”，他们随时可能干出某些事来，万一胁持了某个义工某个记者怎么办？到那时这就不是一件小事了，甚至连国际上都会知道中国监狱内发生了什么事。尤其是那些“三无”人员，没有亲属、无人探望，还有一无我忘了啥，姑且称为无生活希望吧，他们在监狱里看不到尽头，更没有改造的动力，极有可能干出胁持人质这种事来。

看来的确得小心，真不是闹着玩的事。虽然叫人盯着你采访，心里很不自在，就连义工们的好心也得经过审查，用狱警的话说，万一信件里边夹带何时暴动之类的话怎么办。安全不能有半点闪失，即便是好人好事也得经过严格把关。就说眼前的，万一把我给胁持了，那其他媒体可就有料了。

监狱里面的环境比我想象的要好很多，一个大院子，里边有宿舍、工厂、体育场，还有教学楼等等，就是周围的墙比外面高些，而且都绑上了铁丝网（高压电线），四周角楼里都站着荷枪实弹的武警。由于是大年初一，而且又迎接一群义工和记者，监狱里气氛和谐许多，在又一阵老长的鞭炮声中，十多个犯人表演起舞狮，又和义工们玩起集体游戏。

在他们的宿舍区内，一个监区的几百犯人集体看电视，一间打扫得干干净净的宿舍，是专门腾出来供义工们装点鲜花和记者们采访的。我看着他们，不由得想起了我的中学生活与中学宿舍，就连大学时的也跟这差不多，最大不同就是俩字——自由。犯人们多在一堵高墙内呆完整个服刑期，有的一呆就是几十年。

监狱安排了一个采访场景，让十几名熟悉缝纫的犯人们扮演，速度很快整齐划一，就连脸上也是同样的僵硬，没有一丝笑容与松弛。由于当天有两家电视台同行去采访，一前一后赶到，为了让电视台拍到这一镜头，狱警又重新安排他们再来一次，就连握手的场景都重新演了一遍。我们报纸的同行就在一旁说，还是电视台面子大，幸好今天没来十来二十家电视台，要不然可有“好看”的了。

这只是个小插曲，给我印象最深的是接下来的一个被安排接受采访的犯人。他姓韩，老家河南，因在广东抢劫被判十年，减了两次刑还差一年半就可以出来了。最初是我们记者要求的，找个缝纫手艺比较好的犯人聊聊，那位狱警招手喊过来韩某，不料韩某走到我们跟前后立马蹲到地上，单手握紧抬起，回答狱警的每一句问话。

这让我们感到很难受，赶紧把他叫起来，不料他起来后看了狱警一眼又赶紧蹲下，在得到狱警同意后才小心翼翼地坐在旁边一张凳子上。后来还有一个聊天环节，一位年长的服刑人员照着不知谁写的稿子念起来，很多字还不认识，但他读得很认真也很费力，但我却越听越不是滋味，这叫啥座谈！从来没进过监狱的我，对监狱里的生活特别好奇，从韩某随时随地蹲下这一熟练动作里，我感到一丝悲凉。

我在想，他怎么会变得这么乖，乖得让人可怜又可怕。在韩某眼里，狱警是大佬，是管押他们这些罪人的人，他们要想获得重生就不得不老老实实、服服帖帖，甚至是我们记者，在他们看来也是高高在上的。以至于他们一见到外面的人，第一反应便是蹲下，乖乖地接受训话或回答问题。有人私下嘀咕，他们是真怕了，还是真的领悟到法的精神了？

回来不少朋友打听，年初一你小子去哪了。我很自豪地告诉他们我去了趟监狱，出来后便感觉人生充满了希望，灵魂也干净了很多。有朋友赞许说，这样的年过得有意义、有创意。我开玩笑说，希望有机会你也进去体验一下，到高墙内修身养性、净化心灵，同时还可免费学门裁缝之类的手艺，不要再光靠码字吃饭。

（作者为南方都市报记者）

报业集团区域化发展模式比较

□郭全中

目前，我国的报业市场处于区域分割的状态，在这种情况下，报业企业很难实现自身的规模经济和范围经济效应。因此，报业企业为了获得更大的发展，纷纷采取各种方式试图打破报业市场的区域化分割。

目前，国内报业集团实施的区域化发展战略主要有如下模式，这些模式各有自身的优缺点。

1．跨地域合作办报

目前，跨区域办报的主要实践有：一是光明日报报业集团和南方报业传媒集团联合创办《新京报》；二是安徽日报报业集团与法制日报社合作主办的《世界报》；三是上海文广集团与广州日报报业集团、北京青年报社合作主办的《第一财经日报》；四是解放日报报业集团与成都日报报业集团合作主办的《每日经济新闻》。

跨区域合作办报的**优点**主要有：一是可以直接把优势报纸的经验进行跨区域复制；二是优势报纸可以直接去占领一些规模很大的市场；三是可以积累在不同区域办报的经验。

缺点：一是在中国当前的传媒管理体制下，不具备可操作性。目前，新闻出版总署下令停止跨地域合作办报，这种方式在政策上已经不具备可推广性；二是需要合作双方在理念和观念上高度一致，但是合作双方常常不一致；三是要建立起科学合理的董事会等相关制度，而由于传媒企业尚未真正转变为现代企业，这方面的制度建设基本上处于瘫痪状态。

从目前环境来看，跨区域合作办报的风险很大，成功的几率很小，因此，报业寻找新的既为政策认可、风险又不大的跨地域合作办报形式已经成为当务之急。

2. 地市组建跨媒体的传媒集团

目前，主要有佛山传媒集团和牡丹江传媒集团。佛山传媒集团是整合佛山市所有的传媒资源而建立的横跨广电、报纸、网络和杂志的总资产20多亿元的大型传媒集团。牡丹江传媒集团是在牡丹江广电集团公司的基础上，通过整合牡丹江报业集团而成立的。现在牡丹江新闻传媒集团已发展成为一家拥有广播、电视、报纸、杂志、音像出版、网站等多种传媒资源，涵盖广告、影视、网络、印务、出版发行、传媒教育、旅游、国际贸易等多种业务领域的综合性传媒集团。

该模式的**优点**主要有：一是能够充分整合区域内的传媒资源，形成优势互补；二是能壮大自我实力，联合起来办大事。

缺点：一是由于原来体制惯性的影响，很难整合，也很难形成合力；二是可能会利用自身的区域垄断优势来阻止外来优势传媒集团的进入，不利于本地传媒业市场的发展。

3. 中心城市传媒集团在次中心城市创办的地方版

当前，中心城市的优势报业集团看到次中心城市的传媒业市场的巨大发展前景，纷纷采取各种方式进入次中心城市。在次中心城市创办地方版是一种主要途径。目前，南方日报、南方都市报、广州日报、信息时报、羊城晚报、新快报在深圳、东莞、佛山等地大都创办了地方版。其中尤其成功的是南方都市报，它成功地实施了“2 + 5”战略。

创办地方版的**优点**：一是能够实现报业的规模经济效应和范围经济效应，如各地方版的国际新闻、国内新闻和广东省新闻都是一致的；二是能够成功占领一些次中心城市市场；三是能够积累经验、积累资金和培养人才。

缺点：一是仍然受制于政策限制，发展受到制约；二是不能满足报纸的区域化特征，导致有些地方版“叫好不叫座”，即发行量很大而广告很少；三是在企业内部管理上，由于地方版没有成为真正的利益主体，其责权利不相对称，造成其动力机制不足，造成管理上的难题。

4. 省级党报和地市级报纸的合作

目前，省级党报与地市级党报的合作主要有两家：一家是新华日报报业集团吸纳了宿迁日报加盟；另外一家是西江日报加盟南方报业传媒集团，省市党报合作。虽然新华日报和宿迁日报的合作早于南方日报和西江日报的合作，但是二者的意义是完全不同的，主要原因是肇庆市的经济社会发展程度远远好于宿迁市，肇庆市的传媒业市场已经发展到一定阶段，而宿迁市的传媒业市场尚处于发育阶段。

省级党报和地市级报纸合作的**优点**有：一是可以复制优势报纸的经验，提高地市级报纸的整体质量；二是优势报纸和地市级报纸可以联合激发当地的传媒业市场，促进当地传媒业市场增量的爆发。

缺点：主要体现在目前双方的合作还只是战略联盟的一种方式，尚未成为股权式的利益共同体。

5. 省报和县级报合作

目前，省报和县级报合作的典范是浙江日报报业集团和九家县级报的合作。浙江日报报业集团的具体做法是：在资产评估的前提下浙报集团投资4000万元于9家县市报，以净资产收益率来考核县市报当年的盈利水平。经过两年时间的探索，成效显著，2004年9家县市报的经营资产的回报率是27%，2005年净资产的回报率是33%。目前9家县市报中效益最好的是永康日报，一年广告收入2000万元，占当地GDP的0.14%，大大超过0.03%的平均水平，其净利润达到1000万元。

该种模式的**优点**：一是能够直接把省级报纸的办报经验和经营管理经验复制到县市报，大大提高县市报的质量；二是采取股权合作的企业制度，能够形成真正的利益关系；三是双方合作能够极大地激活当地的传媒业市场，促进传媒业市场快速发展；四是省级报纸和县市级报纸的合作能够对地市级报纸形成合围之势，在未来和地市级报纸的竞争中抢占先机。

缺点：一是并非所有省份或区域的县市传媒业市场都发展到了这样的程度，很多省份的县市级传媒业市场尚需要很长时间的培育，所以这种模式只有在经济社会发展到一定程度的省份或区域才有可操作性；二是这种模式需要政府的大力支持，而这也不是所有的报纸都能做到的。

6. 地级报纸和县级报纸合作

地级报纸和县级报纸合作成立地方性报业集团，这方面的代表主要有佛山传媒集团、无锡日报报业集团、青岛日报报业集团等，浙江嘉兴日报也与嘉兴市属下的几家县报进行合作。这种模式主要产生在东部沿海地区经济实力较强的地市。佛山传媒集团又是这种模式的典型。佛山日报整合其旗下的各家报纸，并采取一系列举措，致力打造“珠江报系”，通过整合《南海日报》、《佛山晚报》资源，创办都市类综合性日报《珠江时报》；并把《顺德报》更名为《珠江商报》。

这种模式的主要**优点**：一是通过整合区域内的报业资源，优势互补，提高自身的竞争能力；二是能复制优势报纸的办报经验，提高整体办报水平；三是能壮大自我实力，联合起来办大事。

缺点：一是由于原有体制惯性的影响，很难整合，也很难形成合力；二是可能会利用自身的区域垄断优势来阻止外来优势传媒集团的进入，不利于本地传媒业市场的发展；三是如果不按传媒发展规律的要求进行整合，可能会把有些原本发展很好的报纸拖入困境。

7. 报业联盟

报业联盟早在2001年就已经出现，西北五省区的主流都市报组建了一个互动联盟，成员包括三秦都市报、兰州晨报、新消息报、西海都市报、新疆都市报5家报纸，联盟成员在新闻宣传、广告经营、报纸发行等方面进行了合作。2003年和2004年出现的报业联盟主要有：河北省11家地市级党报组成的区域性联盟、中国主流媒体房地产宣传联盟、全国城市报业发行网络联盟、中国主流媒体汽车联盟、中国地市级党报广告“五强联盟”。2005年报纸联盟大量出现：全国主流媒体教育联盟、中国主流媒体美丽联盟、中国汽车媒体大联盟、珠三角报业广告联盟、浙江省地市级强势媒体广告联盟、东北副省级城市党报集团联盟等6家。

报纸联盟的主要**优点**有：一是能够在现行政策条件之下进行跨区域合作；二是各家报纸的风险较低。

缺点：一是由于联盟多是以协议的形式组成的松散型组织，很难发挥实际作用；二是报业联盟实际是一种垄断行为，不利于竞争，中国报业的主要问题不是竞争过度，而是竞争不充分，因此，应尽量避免报业联盟这种限制竞争的形式出现。

（作者为北京大学光华管理学院和南方报业传媒集团联合培养博士后）

《纽约时报》：报纸要实现电子化转变

□王希怡

尽管拥有巨额的财富和显赫的家族背景，阿瑟 · 苏兹伯格——全球最受尊崇的报纸之一《纽约时报》的董事会主席和出版人——却仍然感到压力重重。

在过去四年，《纽约时报》的利润持续下降；《纽约时报》公司的资产由于股价下跌也在缩减；就在今年2月初，苏兹伯格承认其出版集团由于《波士顿环球报》的亏损而蒙受5.7亿美元的损失；雪上加霜的是，《纽约时报》的大股东摩根斯坦利最近掀起一场“运动”，可能会导致苏兹伯格失去对《纽约时报》的领导权……这一切似乎都能解释苏兹伯格最近对媒体避之则吉的态度。

但是，在今年2月初结束的瑞士达沃斯世界经济论坛会议上，苏兹伯格似乎在达沃斯新鲜空气的滋润下开始变得放松，开口向记者谈及他对传统新闻出版业前景的看法。

据统计，《纽约时报》电子版目前的浏览量每天为150万人次，比过去增加了一倍，而《纽约时报》报纸目前拥有110万名订户。3月27日，《纽约时报》发布其报纸的数字版产品Times Reader。

聚焦电子化转变

针对这一现状，有记者问道：“考虑到目前互联网对传统新闻出版业的不断‘蚕食’，你觉得五年后《纽约时报》是否仍然在出版发行？”苏兹伯格表示:"我真的不知道五年后《纽约时报》是否还能继续出版发行。事实上，我也不太在意这件事情。"苏兹伯格表示，他目前的注意力集中在如何控制和管理好《纽约时报》从传统报纸发行到电子版转变的过程。他表示:"互联网是一个非常美妙的地方，我们正朝那个方向前进。"

苏兹伯格表示,《纽约时报》将会继续报纸发行，直至公司董事会决定停止出报的那一天,而这也将意味着《纽约时报》完成了向电子版转变的过程。

苏兹伯格认为，转变是一个漫长的过程，而且中间的路途崎岖，但是他不认为前景一片灰暗。

在被问及地方性报纸是否有前途时，苏兹伯格表示《纽约时报》并非地方性报纸，它是一份总部位于纽约的全国性大报，来自纽约市以外读者的数量甚至超过了本地读者。

电子版成本低

一直以来，分类广告是报纸的主要收入来源之一，但是目前大量分类广告已经分流到互联网。对于这个问题，苏兹伯格表示新闻出版集团同样可以发展自己的网络广告业务，这样不但能够弥补报纸广告业务减少带来的损失，而且还可以节省印刷和发行费用。

但是，电子化发展的成本又如何计算呢？对于这个问题，苏兹伯格表示:"与传统报纸发行的成本相比，电子版成本根本不算什么。我们上一次对印刷成本的投入不少于10亿美元，而制作电子版根本不需要那样巨额的花费。"

据悉,《纽约时报》最近已经把报纸采编部门和电子版采编部门的工作间合并起来。两个部门合并是否会引发摩擦？苏兹伯格表示:"采编室就像医院的急诊室或者军队的司令部一样重要。两个采编部门都同样拥有明确的宗旨和方向，而且两个部门都很难被改变，因此，转变过程是艰难的。但是，一旦编辑和记者们真正理解电子化转变的含义，他们就能够很快地改变观点和接受现实，而且会积极地配合整个转变过程。"

面对互联网给传统报纸造成的冲击，苏兹伯格表示:"我们生活在一个互联网大行其道的世界里。我们设置了一个特殊发展部，里面的五位成员的全部职责就是提出和发展有关互联网媒体的构想。"

Times Reader 特性

目前，《纽约时报》报纸的读者平均年龄为 42 岁，这个数字在过去十年内没有改变过；《纽约时报》电子版读者的平均年龄为 37 岁。苏兹伯格表示，这意味着《纽约时报》集团能够同时吸引年长和年轻的读者。

此外，《纽约时报》已经和微软公司签订了一份协议，透过一个名为 Times Reader（“时报读者”）的软件，使得读者能够透过掌上电脑或者手提电脑阅读报纸。

纽约时报公司将向订阅用户提供 Times Reader，费用为 165 美元/年或 14.95 美元/月。该软件将给读者提供电子途径来浏览《纽约时报》。其测试版第二版于 2006 年 9 月已公布。该软件将充分利用微软 Windows Vista 网络客户端的功能优势，为用户提供强大的《纽约时报》在线/离线阅读体验。

纽约时报公司苏兹伯格说：“Times Reader 是报纸与网络互动媒体合作的重要一步。为了满足读者对网络新闻发布方式的强烈需求，我们一直在寻找契机和技术依托，将纽约时代周刊独一无二的新闻内容提供给更多读者。”

在提供报纸一样视觉感受的同时利用网络和软件的便利及时进行更新升级，并且将多媒体和网络链接加入新闻内容之中，提供更强大的新闻索引功能。

1. 支持离线/在线阅读，你可以在上飞机前同步下载最新新闻内容，然后在飞机上阅读笔记本中存储的新闻资料。

2. 支持新闻文档注释/标记功能。

3. 某一日期/主题所有新闻图片放映/打印功能。

4. 支持本地存储 7 日新闻内容。

但在传统报纸受到互联网冲击的同时，报纸电子版也同样受到博客的冲击。苏兹伯格表示，目前网上有数百万个博客网站，如果《纽约时报》忘记了为数众多的博客群，则一定会在媒体战争中落败。他说：“我们是监管人，我们是新闻消息的监管人，人们上《纽约时报》的网站不是为了阅读博客文章，而是为了获得可靠的新闻消息。”

坚持对开大报形式

苏兹伯格说:“我们没有忽略目前正在发生的改变。我们意识到现在《纽约时报》对于城市生活的重要性无法与十年前相提并论。”

“从前，人们翻开报纸查找电影院的播放时间表。现在，网上有数百个论坛和网站能够提供这些信息。但是，报纸能够结合博客网站的内容，我们需要成为社区的一部分，需要与网络世界展开对话。”

虽然有读者觉得对开大报拿起来不方便，但是苏兹伯格表示《纽约时报》仍将以对开大报的形式出版，认为从大报改为四开小报成本太昂贵。

有人认为，传统报纸的力量正在削弱，广告商方面为杀价而对报社施加的压力越来越大。对此苏兹伯格表示:“广告商一直都在杀价，他们也一直在试图影响我们的新闻报道。但是《纽约时报》没有什么需要隐瞒或者道歉的，因为我们一直都坚持只报道我们认为应该报道的内容。”

业界新闻回顾

□ [2007.1–2007.3]

●动向

南方报业荣获四项创新传媒大奖

在新闻出版总署主管的传媒杂志和北京大学新闻与传播学院联合举行的2006年度十大创新传媒人物及十大创新传媒系列评比中，原南方报业传媒集团董事长范以锦获得专家委员会特别推荐，独享“最具创新成就传媒人物”殊荣，南方报业旗下三家媒体《南方周末》、《二十一世纪经济报道》、《南方人物周刊》分别获得“2006年度十大创新周报”、“2006年度十大创新行业报”和“2006年度十大创新期刊”大奖。

南方周末

21世纪经济报道

暨大准记者南方训练营开营

由暨南大学与南方报业传媒集团共同打造的"暨大准记者南方训练营"3月27日正式开营。这种高校与传媒的深度合作在广东尚属首次。

据暨大新闻与传播学院院长范以锦介绍，训练营由本科二年级学生及个别研究生约30名组成。每年4到9月训练期间，聘请南方报业知名采编策划精英开设系列讲座，特别强化案例教学。与此同时，"准记者"还将利用暑假和课余时间到南方报业旗下的各媒体实习。

暨大蒋述卓书记认为，暨大和南方报业实行这"一体化办学"，将使暨大新闻学的教学跃升到一个崭新的平台。南方报业杨兴锋社长则认为，这次与暨大的合作是向学界特别是有新闻传播学院的中国著名高校发出一个信号，南方报业希望与新闻学界的合作能够趋于常规化、制度化、系统化。

新京报TOM网握手言和

中国新闻出版报3月6日报道，2月25日，《新京报》社告北京雷霆万钧网络科技有限责任公司旗下的TOM网因未经许可大量转载新京报作品一案，双方以和解的方式"握手言和"，从而使这一备受社会关注的版权纠纷案画上句号。

新京报

高考录取率今年预计超70%

北京市教委表示具体招生计划4月下旬公布，今年高考报名人数约11万

三洋快餐被认定违法用工

北京规划限建禁建区

一天挖出4工人遗体

烤鸭店冰柜爆炸1死1伤

"疯王"进京递交申诉书

崇文开拆体育用品街

英驻伊使馆被石块袭击

炒活人墓拟最高罚50万

多特加冕

据了解，双方和解的内容主要有三点：①TOM网承认未经授权转载新京报作品已侵犯新京报社享有的著作权，并愿意在TOM网上公开道歉。②TOM网立即删除从2003年到2006年9月转载的新京报作品。③TOM网一次性给予新京报社经济补偿。2月27日，TOM网刊登了向《新京报》的致歉声明。至此，《新京报》告TOM网

侵犯著作权一案以和解的方式画上了句号。

深圳报业集团正式进军房地产市场

1 月 19 日，深圳报业房地产经纪顾问有限公司挂牌成立。此举标志着深圳报业集团正式进军房地产市场。深圳报业房地产经纪顾问有限公司是隶属深圳报业集团旗下的全资子公司。黄扬略社长表示，成立房地产经纪公司，将能够充分整合集团拥有的信息资源优势、社会公共资源优势、客户资源优势，培育报业集团新的经济增长点。

解放报业欲入主新华传媒

羊城晚报 3 月 6 日报道，解放日报报业集团将战略入股新华传媒并增持其大股东上海新华发行集团股份，为此新华传媒很可能针对解放日报报业集团实施定向增发，从而将现有主业从图书拓展到传媒。

据悉，解放日报报业集团拟注入的资产主要是集团属下的《申江服务导报》的经营性资产，以及其他报业资产。《申江服务导报》资产价值超过 4 亿元，而此次解放报业集团拟注入的全部资产价值可能超过 8 亿元。增发完成后，解放日报报业集团很可能成为新华传媒的控股股东。

央视台长赵化勇：目前没有上市计划

解放日报 3 月 8 日报道，人大代表、中央电视台台长赵化勇，在接受记者采访时说："我们现在虽然有一个下属的上市公司，但是这个公司和央视的主要业务工作没有直接联系，中央电视台作为国家电视台目前没有上市发展的计划。”

《中国日报》推出首份2008奥运英文报纸

《中国日报》1月5日面向全球推出了中国首份专门报道2008年北京奥运会的英文报纸——《奥运周刊》。该刊每周五出版，每期8个版。奥运期间，每天将出至少48个版的奥运日报。

江西日报与电信打造首家“有声报纸”

江南都市报3月8日报道，由江西日报社与省电信联合打造的新兴媒体《江西语音报》目前已上线试运行。电信用户通过固定电话拨打一个特定的电话号码，即可免费收听到精选的当日最新新闻资讯。《江西语音报》标志着江西省在全国首创了“有声报纸”。

广东电视台开拓新媒体和境外电视

广州日报2月1日报道，近日广东电视台台长张惠建透露了广东电视台今年的发展策略方向——开拓新媒体和境外电视。新媒体包括手机电视、移动电视、地铁电视和IPTV和数字电视等。其中，手机电视今年将在现有的两个频道——天声手机频道和广东体育频道的基础上新增8个频道。另外，广东台在马来西亚的“家娱频道”已经开通，在香港的“点心卫视”3月在香港上星播出。

“手机电视”业务今年开始试点运行

潇湘晨报3月13日报道，与3G密切相关

的"手机电视"业务将在今年开始试点。3月12日出台的信息产业部综合规划司2007年工作要点指出，信产部今年将推动"手机电视"业务的试点、产业化、频率分配及相关政策的研究工作。但信产部并没有透露相关细节。

北京电视台获得手机电视牌照

京华时报2月8日报道，北京电视台已经获得广电总局颁发的《信息网络传播视听节目许可证》（俗称手机电视牌照）。北京电视台将在今年与北京移动合作开展手机电视业务。据悉，北京电视台获得的是第6张手机电视牌照。去年10月中旬，广电总局曾明确了4张手机电视牌照的归属，分别是上海文广、央视国际、南方广电传媒以及中国国际广播电台。此外，中央人民广播电台也获得了一张手机电视牌照。

天盛携互联网和手机电视试水新模式

第一财经日报报道，2月12日，数字电视运营商天盛传媒在北京正式宣布，由其运营的欧洲足球频道获得2007 ~ 2010赛季英超全部380场比赛，包括手机、互联网、电视的全媒体转播权。

天盛传媒CEO宋政向《第一财经日报》表示，将通过以数字付费电视为主，手机媒体、互联网为辅的模式来尝试体育赛事的转播运营新模式。

中国气象报
China Meteorological news
气象部门研讨事业单位岗位设置管理
1月气温偏高1.4℃ 2月3次冷空气将过境
农业部致信感谢中国气象局
专题发布春运气象信息
为构建和谐青海提供一流服务
向部级领导表达谢意
人影成为新疆生产建设兵团重点任务
推进大气象 拓展大服务 加强大宣传

深圳报业与深圳移动签署战略合作协议

2月7日，深圳报业集团和中国移动广东公司深圳分公司在五洲宾馆举行了以"强强联手，共创未来"为主题的战略合作签约仪式。

气象报与六家行业报打造“联合舰队”

中华新闻报报道，1 月 17 日，中国气象报社与科学时报社、中国交通报社、中国知识产权报社、中国航天报社、中国海洋报社、人民海军报社在京分别签署《新闻信息共享与发布合作协议》。双方约定，依据“资源共享、优势互补、服务公众、宣传科学”的原则广泛开展合作，达到整合行业资源，集媒体之合力，提升报纸影响力的目的，实现共享、互补、共赢。

●政策

湖南郴州设舆论监督奖

新华社 1 月 12 日消息，1 月 11 日，中共郴州市委办、市政府办向所辖各县市、区及市直机关单位等转发了市委宣传部《关于进一步支持新闻媒体工作的意见》，其中提到设立“舆论监督奖”，“专门奖励主动把舆论监督线索交给郴州调查处理或通过舆论监督对郴州工作产生重大推动作用的中央、省级媒体记者”。这份文件要求郴州各级党委、政府虚心接受舆论监督。

消息称，包括从事舆论监督报道的记者在内，“对促进郴州经济社会发展有重大贡献的记者”，市委宣传部建议郴州市政府授予其“荣誉市民”的称号。

人大代表呼吁让农村类报纸享受税收减免

南方农村报 3 月 7 日报道，肩负着培养“有文化、懂技术、会经营”新型农民重任的农村类报纸面临的困境，在此次全国两会上引起了全国人大代表的重视。广东、湖北、河南、上海、辽宁和山西等地全国人大代表纷纷献计，建议国家出台政策扶持农村类报纸发展，希望农村报能享受与机关报、科技报同样的税收减免待遇。

北京禁止免费赠送和新闻形式广告

1月3日，中共北京市委宣传部、北京市纠正行业不正之风办公室等联合发布通知，禁止广告赠版，禁止以新闻形式刊登广告。

市新闻出版局将配合国新出版物发行数据调查中心对北京市都市类报纸统一进行发行量认证，并予以公布。

●新媒体

追赶Google 雅虎推出新搜索广告平台

雅虎公司2月6日在美国推出了Panama搜索广告平台，雅虎急于更有效地将用户访问转化为广告销售额。雅虎推出的“市场设计”模式采用质量与关键词竞价方式匹配搜索结果广告，并将其提供给访问用户。雅虎官员称，经全面修改的广告排名平台是保证雅虎成功的关键所在，它能使雅虎通过免费的在线服务模式获取现金流，全球各地有亿万用户在访问雅虎网站。

今年《纽约时报》网上业务收入大增

国际金融报报道，《纽约时报》公司首席执行官珍妮特·罗宾森3月6日说，预期该公司2007年网上业务收入将增长30%，达到3.5亿美元。

《纽约时报》公司正在加强对网上业务的投入，这部分业务收入来自其信息网站About.com、《纽约时报》网站NYTimes.com及其他网上运营部门。

广州引进电子纸技术产业

南方日报3月11日报道，一项代表当今世界领先"造纸"技术的朝阳产业——电子纸信息技术即将进入广州市。

据介绍，这种备受国内外业界瞩目的iRex电子纸，是利用电泳显示技术（也叫油墨显示技术）原理发明而成。既具有传统纸介质方便阅读、保存手写原迹的效果，又具备液晶显示的便于互动、易于携带、环保节能等诸多优点，因而在传媒出版、电子政务、电子商务等领域具有十分宽广的前景。

●世界

《时代》开设中国博客驻华记者主笔

环球时报3月2日报道，从今年开始，《时代》周刊将定期有中国专栏，与此相适应，《时代》网站为中国专门开了一个博客。由4位驻华记

者主笔。他们审视中国的视角依然是西方式的。除美国之外，以一个国家为单元开设博客至少在《时代》网站是没有先例的，恐怕在其他媒体也不多见。

美一博客拒交新闻源入狱

财经时报3月12日报道，美国一名网络博客写手几个月前由于不愿向警方交出他所拍摄的犯罪行为录像带而锒铛入狱。这一事件在美国引起了人们对于网络新闻道德的讨论。

当地媒体评论说，博客写手的被捕显得不伦不类，此前，西方国家因为拒绝透露新闻源而遭到逮捕的通常是一些新闻记者。但沃尔夫本人并不是记者，只是一个博客作者，他也因同一原因而入狱，这引起了很多人的关注。

英国青少年热衷“开博”胜过写日记

英国3月5日公布的一项调查结果表明，随着网络博客的盛行，英国青少年对“开博”的兴趣超过了写日记。

据英国媒体报道，共有1000多名英国青少年参与了这项调查。结果发现，其中只有不到10%的人称自己平时写日记，但却有47%的调查对象在网上开设了博客或者说网络日志。

Google侵犯版权案败诉

中国日报2月26日报道，搜索引擎巨头Google（谷歌）公司日前在比利时的侵犯报纸版权案中被判败诉，一家比利时法庭判处google侵犯了18家报纸的版权，并要其立刻删除所有的侵权链接和相关内容，否则将面临巨额罚款。

分众 2.25 亿美元收购好耶

分众传媒(Nasdaq:FMCN)3 月 1 日宣布，该公司已经同好耶广告网络达成最终协议，将以 7000 万美元现金和价值 1.55 亿美元的分众传媒普通股收购后者的全部股份。

马来西亚媒体拟并购香港明报

国际金融报 1 月 31 日报道，据马来西亚投资银行国际联昌证券银行(CIMB)1 月 29 日称，马来西亚星洲媒体集团有限公司计划与香港明报企业有限公司进行合并，并邀请南洋报业控股集团参与合并计划，从而组成一个全球性的中文媒体集团。

世界最老报纸今年停印只在网络上发行

法制晚报 1 月 4 日报道，瑞典自 1645 年创刊以来每天发行的《Post Och Inrikes》报是世界上仍在出版的最古老报纸。2006 年底该报在其网站宣布，报纸 2007 年 1 月 1 日起停印，将来只在网络上发行。